Kurt A. Freischläger

Kurts Geschichten

Rediroma-Verlag

Bibliografische Information der Deutschen Nationalbibliothek:
Die Deutsche Nationalbibliothek verzeichnet diese Publikation in der Deutschen Nationalbibliografie; detaillierte bibliografische Daten sind im Internet über http://portal.dnb.de abrufbar.

ISBN 978-3-98527-941-8

Umschlagillustration: Joachim Grohs

www.rediroma-verlag.de
10,95 Euro (D)

Inhalt

Fußballtraum

Manuel, ein Junge aus der Nachbarschaft, spielt im Garten seiner Eltern alleine Fußball. Er schießt den Ball gegen die Wand des Hauses, in dem er wohnt. Dann steht er einen Augenblick still und denkt an seinen großen Wunsch, irgendwann in einem Fußballverein spielen zu können. Einige seiner Klassenkameraden spielen schon lange in einem Verein. Dort würde er gerne vom Mittelfeld aus seine Tore schießen. Sein Traum, immer tolle Tore zu schießen, wird sich wohl nicht erfüllen. Beim Training in der Schule wird Manuel meistens ausgelacht, weil er nicht so gut mit dem Ball umgehen kann, oder er wird immer als Letzter in die Mannschaft gewählt. Man lässt ihn in der Pause alleine stehen, keiner seiner Mitschüler kommt zu ihm. Im Innern seines Herzens ist Manuel sehr traurig. Manchmal, wenn er in der Nacht wach wird, weint er im Stillen ein paar Tränen. Dann grübelt er darüber nach, warum er so geärgert wird. Er findet keine Antwort.

Frustriert schießt Manuel den Ball nun fester gegen die Hauswand. Aber diesmal kommt der Ball nicht zurück. Er bleibt an der Wand liegen. Hm, komisch!, denkt er und holt den Ball von dort weg. Wieder schießt er mit einem kräftigen Schuss gegen die Wand und erneut bleibt der Ball wie angeklebt an der Wand liegen.

Auf dem Weg, den Ball zu holen, hört Manuel ein leises Lachen. Erschrocken dreht er seinen Kopf in alle Richtungen. Er kann aber niemanden sehen. Er bückt sich, um den Ball aufzuheben, doch der rollt ein wenig weg. Manuel versteht nicht, was hier passiert. Bei jedem Versuch, den Ball aufzuheben, rollt er weg. Das Lachen wird stärker.

„Wer lacht hier? Wer bist du? Warum sehe ich dich nicht? Zeige dich endlich! Warum versteckst du dich?“, ruft Manuel ärgerlich. Er hat keine Lust mehr, sich nach dem Ball zu bücken, und setzt sich mit dem Rücken gegen die Hauswand. Er horcht gespannt darauf, ob sich die Stimme wieder meldet. Manuel schaut suchend nach rechts und links.

Als er wieder einmal nach rechts schaut und seinen Kopf dann nach links drehen will, stoppt er mitten in der Bewegung. Neben ihm sitzt eine kleine Gestalt. Diese schaut ihm grinsend ins Gesicht. Vor Schreck springt Manuel auf die Beine und läuft ein Stück von der Hauswand weg. Dann dreht er sich um. „Wer bist du denn?“, stottert er und schaut, diesmal sehr interessiert, die kleine Gestalt an.

„Ich bin Pankratius. Ich gehöre zu dir, ich gehöre zu deinen Gedanken. Ich bin dein Tun. Manchmal bin ich stark, aber oft bin ich schwach.“

Manuel versteht nicht, was das kleine Männchen ihm damit sagen will.

„Ich erkläre es dir. Komm, setz dich zu mir!“, sagt das Männchen mit freundlicher Stimme. „Schau, du hast keine Freunde. Mit dir will niemand spielen. Man lacht dich aus. Beim Fußballspielen in der Schule wählt man dich immer als Letzten in die Mannschaft. Deshalb weinst du oft in der Nacht. Du findest keine Lösung, stimmt's?"

Manuel ist erstaunt, aber er ist auch beunruhigt, weil er von jemandem, der ihn gar nicht kennt, so etwas hört. „Woher weißt du das alles?", fragt er.

„Ich habe es dir doch eben gesagt, ich bin du, ich gehöre zu dir! Ich bin dein Gedanke, und zwar jeder Gedanke, den du denkst. Das sind aber leider oft Gedanken, die nicht gut für dich sind. Ich sehe, dass du traurig bist. Da habe ich mich entschlossen, eine Gestalt anzunehmen, um dir zu helfen", sagt Pankratius ernst. Manuel kann nur staunen. Aber kann er Vertrauen haben? Wie soll das gehen, wenn jemand sagt: Ich bin dein Gedanke?

„Da staunst du aber, was? Du kannst Vertrauen zu mir haben. Glaube mir, ich kann dir helfen. Nur, das, was du denkst, muss anders werden, besser! Pass auf, denke jetzt mal fest daran, dass du es schaffst, den Ball dort hinten an den Laternenpfahl zu schießen! Schaffst du das?" Manuel überlegt und zögert. Ein leichter Zweifel in seinem Kopf stört den positiven Gedanken, der nur kaum zu spüren ist. Er steht auf, legt sich den Ball vor die Füße und schießt. Der Ball fliegt knapp an der Laterne vorbei.

„Daneben! Ich habe doch gewusst, dass das nicht klappt!“, ruft Manuel enttäuscht. Das Männchen lächelt Manuel freundlich an.

„Natürlich hat das nicht geklappt! Du hast zu sehr an deinem Können gezweifelt. Nur kurz war der positive Gedanke da und der negative war stärker.“

Manuel staunt und wird mutiger. „Okay, dann schieße ich noch mal. Jetzt wird es klappen!“ Er holt den Ball zurück, legt ihn zurecht und schießt. Manuel hat nicht sehr feste, aber flach geschossen. Der Ball rollt den Weg zur Laterne hin … und trifft den Laternenpfahl! Manuel reißt die Arme hoch und jubelt: „Ich habe es geschafft!“

„Siehst du“, sagt Pankratius, „es geht doch, wenn man es mit Entschlossenheit will. Denke positiv, habe Mut und vertraue dir selbst, bleibe bescheiden, freundlich und positiv, dann wirst du immer Erfolg haben. Ich werde wiederkommen, sobald du wieder in Gedanken an dir zweifelst. Und vor allem, bleibe dir selber treu!“ Mit diesen Worten verschwindet die Gestalt im Nichts.

Manuel ist verwirrt. Er kann sich nicht erklären, was gerade alles passiert ist. Was war das nur?, denkt er. Dann holt er den Ball vom Gehweg zurück in den Garten. „Ich soll positiv denken, mir selber vertrauen und Mut haben? Okay, dann werde ich mal versuchen, von heute an positiver zu denken.“

Manuel trainiert jetzt jeden Tag mit dem Fußball im Garten, um besser mit ihm umgehen zu können. Er trainiert hart und ausdauernd. Immer wieder schießt er den Ball in die Luft, köpft oder schießt ihn zurück, ohne dass er auf der Erde aufschlägt. Irgendwann, an einem Freitag, bleibt ein Mann am Gartenzaun stehen und beobachtet Manuel. Er staunt über das, was er sieht, und spricht ihn an.

„Das machst du aber gut! Wie du mit dem Ball umgehen kannst, gefällt mir. Ich bin Trainer einer Fußballmannschaft. Spielst du Fußball in einem Verein?“, fragt der Mann.

Manuel antwortet: „Nein.“

„Aber wo hast du das alles gelernt? Du hast Talent“, meint der Fremde.

„Ich habe mir das selber beigebracht. Ich übe schon lange und würde gerne in einem Verein spielen, aber …“, gibt Manuel zur Antwort.

Der Fußballtrainer drückt Manuel seine Visitenkarte in die Hand mit den Worten: „Ruf mich an, wenn du in meinem Verein spielen willst und zum Training kommen möchtest!“

Einige Tage später nimmt Manuel den Fußball mit zur Schule. Das ist ja nicht verboten, wenn man die Regeln der Schule einhält. In der Pause nimmt er den Ball und geht damit in eine freie Ecke auf dem Schulhof. Dort schießt er den Ball nahe vor seinem Körper in die Luft, um ihn mit den Füßen wieder zurück nach oben zu treten, genauso, wie er es zu Hause geübt hat. Das macht er mehrmals, um den Ball in der Luft zu halten. Mit einigen Raffinessen spielt er den Ball und stoppt ihn dann geschickt mit der Brust. Das bleibt nicht unbemerkt. Einige Jungen sehen ihn mit dem Ball spielen und sind erstaunt. Langsam kommen sie näher.

„Hey, Manuel, seit wann kannst du so gut mit dem Ball umgehen? Du warst doch immer so eine lahme Ente!“, ruft jemand.

Manuel möchte am liebsten keine Antwort darauf geben, aber er denkt an die Worte von Pankratius, dem kleinen Männchen. Freundlich, aber direkt antwortet er: „Eine lahme Ente war ich nie. Ich war nur nicht so gut mit dem Ball wie ihr. Ich habe jeden Tag trainiert. Jetzt kann ich besser mit dem Ball umgehen, wie ihr gesehen habt.“ Als die Schulklingel das Ende der Pause anzeigt, geht Manuel zum ersten Mal gemeinsam mit den anderen Jungen in den Klassenraum.

Zwei Tage später wird er von den Jungen, die schon lange zusammen im Fußballverein sind, angesprochen. „Hast du Lust, heute Nachmittag mit uns zum Training zu gehen? Wir können dich gut in unserer Mannschaft gebrauchen“, sagt einer von ihnen.

„Ich würde gerne mitkommen, aber ich werde in einem anderen Fußballverein spielen. Ein Trainer hat zufällig mein Talent entdeckt“, lacht Manuel.

Seit Kurzem spielt Manuel im Fußballverein und fühlt sich aufgenommen. Manuel wird akzeptiert und das wiederum spornt ihn an, sein Können zu zeigen und Tore zu schießen.

Manuel weiß jetzt genau: Es ist wichtig, an sich selbst zu glauben und immer positiv zu denken. Er weiß mittlerweile, dass man Selbstbewusstsein lernen kann. Er weiß auch, dass man dabei hin und wieder Unterstützung benötigt, egal, ob von den Eltern, von Freunden oder wie bei ihm, von einem kleinen Männchen. Es ist sein eignes Ich!

Man muss nur Hilfe annehmen und offen sein, etwas Neues zu lernen und zu erfahren!

Der sprechende Wolf

Andrej, fünfzehn Jahre alt, hat eine kräftige Statur und lebt in Sibirien, tief im Hinterland, da wo es eine lange Winterzeit gibt und der Sommer nur wenige Wochen dauert. Er ist von seinem Vater zu den Rentieren in die Tundra geschickt worden, um dort für einige Tage die Wache zu übernehmen.

Die nächsten Tage werden sicher lang und auch langweilig für mich, denkt Andrej, der von seinem Heimatort, einem großen Zeltdorf, hier im Rentierlager angekommen ist. Sein Dorf liegt viele Kilometer weit von hier entfernt. Schon allein der Weg zu den Rentieren ist beschwerlich und gefährlich. Wölfe und sibirische Tiger leben in den Wäldern rund um den großen Rentierstall, in dem die Tiere Schutz vor den Schneestürmen finden. Die Männer des Dorfes haben für die Rentiere einen festen Holzverschlag gebaut. Rundherum gibt es also einen hohen Holzzaun. Der schützt zum einen davor, dass die Rentiere nicht in die Wildnis weglaufen, aber vor allem hält er die Tiere außerhalb des Zaunes davon ab, die Rentiere anzugreifen. Andrej richtet sich so gut wie möglich häuslich ein. Es gibt hier eine Jurte, in der er ein wärmendes Feuer anzünden kann. Ein wenig Feuerholz ist noch da, das die vorherige Wache liegen gelassen hat.

Hm, ich muss gleich neues Holz suchen für die nächsten Tage, denkt er, als lautes Schnauben der

Rentiere seine Aufmerksamkeit erregt. Er schaut aus dem Zelt und sieht, dass ein Rentier auf dem Boden liegt und schwer atmet. Andrej bemerkt, dass es sich um ein Muttertier handelt, das gerade ein Kalb bekommt. Das hat Andrej schon oft gesehen! Er weiß, dass das Rentier keine Hilfe braucht bei der Geburt. Da sein eigenes Rentier noch an dem mitgeführten Schlitten steht, lädt er in aller Ruhe die Lebensmittel, Werkzeuge und Kleider aus dem Schlitten und trägt alles ins Zelt. Dann macht er sich fertig, um hinaus in den Wald zu fahren, bevor es dunkel wird. Der Schnee ist stellenweise sehr tief und er achtet darauf, dass er samt Rentier und Schlitten nicht darin versinkt. Andrej lenkt sein Rentier im Wald dorthin, wo er trockenes Holz vermutet. Da hört er ein jämmerliches Jaulen. Er zieht am Lederseil, um das Rentier zu stoppen. Er horcht genau hin, aus welcher Richtung das Jaulen zu hören ist und lenkt dann sein Rentier dorthin. Je näher er der Stelle kommt, wo er das Jaulen vermutet, desto mehr verzögert das Rentier seine Schritte. Andrej ist vorsichtig und nimmt sein Gewehr von der Schulter. Dann bleibt das Tier stehen. Er bindet es an einem Baum fest und geht langsam, mit dem Gewehr in den Händen, dem Jaulen entgegen.

Erschrocken bleibt er stehen. Da! Einige Meter vor ihm sieht er einen jungen Wolf auf dem Boden liegen, in einer Fangschlinge gefangen. Daneben steht ein ausgewachsener Wolf, der Andrej jetzt entgegenschaut. Seine Augen sehen bedrohlich aus. Andrej spürt, dass er trotz der klirrenden Kälte anfängt, zu schwitzen. Er hat im Moment Angst, irgendetwas zu tun. Er dreht den Wölfen den Rücken zu und stapft vorsichtig zurück zu seinem Schlitten. Als er ein knurrendes „Stopp!“ hört, bleibt er unvermittelt stehen.

Wo kommt die Stimme her? Ich bin doch alleine hier mit den beiden Wölfen, oder etwa nicht?, durchzuckt es ihn. Wie in Zeitlupe und nun besonders vorsichtig, geht Andrej zwei Schritte zur Seite, um sich an einen Baum zu lehnen. So hat er wenigstens den Rücken etwas geschützt. Sofort entsichert Andrej sein Gewehr, um schnell schießen zu können, wenn es gefährlich werden sollte.

„Du brauchst keine Angst zu haben. Ich bin die Mutter von dem Kleinen hier. Ja, und ich kann deine Sprache sprechen! Ich habe gespürt, dass du helfen willst, meinen Sohn aus der Falle zu befreien. Hole ihn bitte da raus! Er hat große Schmerzen“, hört Andrej den Wolf sprechen.

Andrej schaut die Wölfin gebannt an. Er kann sich immer noch nicht bewegen. Laut sagt er: „Ich träume! Es gibt keine sprechenden Tiere!“

„Doch, es gibt sprechende Tiere“, hört er die Stimme der Wölfin. „Nur, die Menschen sind nicht feinfühlig genug und zu ängstlich, sich mit uns zu befassen. Aber jetzt bewege dich bitte und befreie meinen Sohn! Wir reden später darüber.“

Andrej gibt sich einen Ruck und geht etwas zögerlich zur Falle hin, wo der kleine Wolf sich zwischenzeitlich beruhigt hat. Er bückt sich zu dem jungen Wolf hinunter und legt sein Gewehr neben sich in den Schnee. Behutsam streichelt Andrej das Fell des jungen Wolfs. Es ist struppig und fühlt sich rau an. „Ich tue dir nichts Böses, bleib liegen! Ich öffne jetzt hier den Hebel, dann nehme ich dein Bein heraus und du bist frei“, spricht Andrej beruhigend auf den jungen Wolf ein. Nachdem er das Bein freigelegt hat, schaut er sich die Wunde an. Sie blutet stark! Andrej läuft schnell zu seinem Schlitten und holt aus seinem Rucksack eine Mullbinde und Salbe heraus. Mit der Salbe bestreicht er die Wunde und umschließt sie mit dem Verband. So kann er sicher sein, dass sich die Wunde nicht entzündet.

„Du bist ein guter Junge! Was machst du denn hier im Wald?“, fragt die Wölfin jetzt.

Andrej schaut sie an und sagt: „Ich suche Brennholz, damit ich mein Zelt wärmen kann. Aber jetzt finde ich bestimmt kein Holz mehr, denn es ist schon dunkel geworden. Ich fahre ohne das Holz zurück zu meinem Zelt“, ist die enttäuschte Antwort von Andrej.

„Nein, das brauchst du nicht. Ich weiß, wo Holz liegt. Das musst du nur auf deinen Schlitten laden. Komm, ich zeige es dir!“

Andrej nimmt den kleinen Wolf vorsichtig auf den Arm, um ihn mit auf seinen Schlitten zu nehmen. Er bettet ihn neben sich auf eine Felldecke. Die Wölfin schaut Andrej dabei genau zu. Er bindet sein Rentier los und setzt sich auf den Schlitten. Die Fahrt geht los! Die Wölfin läuft voraus. Sie führt Andrej zu einem großen Stapel Holz, den er nicht mal klein schlagen muss. Schnell greift Andrej sich genügend Holzscheite und stapelt sie hinten auf die Freifläche des Schlittens. Er wendet seinen Schlitten und will sich bei dem Wolf bedanken und sich verabschieden, doch die beiden Tiere sind nicht mehr da. Somit macht sich Andrej auf den Heimweg, um so schnell wie möglich zu seinem Zelt zu kommen, bevor die Dunkelheit ihm die Orientierung nimmt. Dort angekommen, befreit er das Rentier aus dem Geschirr und mit einem Klaps auf den Rücken schickt er es weg zu seinem Schlafplatz innerhalb der sicheren Umzäunung des Geheges.

Andrej legt sich auf sein Schlaflager im Zelt und schläft einige Minuten später ein.

Am anderen Morgen wird er früh wach, denn er friert fürchterlich. Er war gestern Abend so müde, dass er kein Feuerholz nachgelegt hat. Andrej versucht, sich aufzuwärmen, indem er mit den Händen fest auf seine Oberarme schlägt. Dann springt er auf und zündet dünnes Holzreisig an, das neben der Feuerstelle liegt. Als es brennt, nimmt er die größeren Holzscheite und legt sie in die Flammen. Die

Wärme des prasselnden Feuers breitet sich schnell im Zelt aus. Andrej stellt ein kleines Stahlgerüst über das Feuer und darauf stellt er eine Kanne mit Wasser. Er möchte sich zum Frühstück einen Becher Tee machen. Er genießt die Stille des Morgens.

„Was war gestern los, ich habe mit einem Wolf gesprochen! Meine Leute im Dorf werden mich für verrückt halten, wenn ich denen das erzähle. Aber ich habe es erlebt."

Da hört er plötzlich, wie es draußen laut wird. Die Herde läuft in Panik im Gehege herum. Andrej nimmt sein Gewehr und geht eilig hinaus. Ein Rentier läuft nah an ihm vorbei, fast hätte es ihn umgestoßen. Andrej ist nervös, aber entschlossen, der Gefahr ins Auge zu sehen. Er hat keine Angst. Suchend schaut er sich um. Da sieht er am Ende des Geheges, dass ein sibirischer Tiger dabei ist, über den Holzzaun zu springen. Mit der Hälfte seines Oberkörpers ist er schon fast über den Zaun geklettert und benötigt nur noch einen kleinen Moment, um den Zaun zu überwinden. Andrej gibt einen gezielten Schuss in die Nähe des Tigers ab. Der Tiger erschrickt, faucht und fällt rücklings wieder nach außen vor den Zaun. Andrej hört das wütende Gebrüll des Tigers und dann ein heftiges Kratzen. Der Zaun wackelt verdächtig.

„Oje, warum hat Vladimir nicht nach dem Zaun geschaut? Hoffentlich ist er noch stabil genug und hält!", ärgert er sich.

Andrej versucht nun, in Eile die verschreckten Rentiere zusammenzutreiben und in den Holzverschlag zu lenken. Nach einigen Minuten anstrengender Arbeit hat er es geschafft. Die Tiere beruhigen sich. Was kann ich jetzt tun und was macht der Tiger?, denkt Andrej, während er in der Ferne eindeutig ein Wolfsheulen hört. Er ist jetzt mutig und holt eine Leiter, um über den Zaun schauen zu können. Den Tiger kann er gerade noch sehen. Er faucht immer noch fürchterlich. Da sieht Andrej etwas anderes: Ein Rudel Wölfe kommt in seine Richtung gelaufen.

Nein, auch das noch! Wie soll ich mich jetzt gegen den Tiger und gegen die Wölfe gleichzeitig wehren?, denkt er erschrocken und läuft dann in sein Zelt, um genügend Patronen zu suchen, damit er sich verteidigen und schützen kann. Mit einer Schachtel Patronen und dem Gewehr klettert Andrej wieder auf die Leiter am Zaun und schaut vorsichtig über die obere Kante hinaus.

Als die Wölfe am Zaun ankommen, spricht plötzlich eine bekannte Stimme zu ihm: „Ich bin es, ich habe meine Freunde mitgebracht. Wir helfen dir! So, wie du meinem Sohn geholfen hast. Wir jagen jetzt zuerst mal den Tiger von hier fort!“

Andrej sieht, dass das Rudel Wölfe sich aufteilt. Mit je vier Wölfen wird der Tiger von zwei Seiten her angegriffen. Er hört das Fauchen der Tiere. Dann sieht Andrej, dass der Tiger das Weite sucht und im Wald verschwindet. Jetzt hört er ein lautes Wolfsheulen, das sich wie ein Triumph anhört.

„Lass uns rein! Wir haben einen Verletzten, schau ihn dir bitte an!“, ruft die Wölfin über den Zaun.

Einen kurzen Moment zögert Andrej und überlegt, ob er die Wölfe hereinlassen soll. Sie haben mir geholfen. Sie werden mir und den Rentieren nichts antun, denkt er und öffnet den Riegel vom Tor. Sofort wird er von einem kleinen Wolf begrüßt. Zuerst ist Andrej erschrocken, doch dann erkennt er den kleinen Wolf, den er aus der Fangschlinge befreit und behandelt hat.

„Mein Sohn hat dich nicht vergessen. Er mag dich sehr. Jetzt hast du einen Freund auf ewig.“

Acht Wölfe stehen nun um Andrej herum, sodass er doch ein komisches Gefühl bekommt. Kann er ihnen vertrauen? Dann sieht Andrej den verletzten Wolf, der stark blutet. Er läuft ins Zelt und holt seine Medikamententasche. Die Wunde versorgt Andrej mit Salbe und mit einem Verband. Dann hört er die Wölfin sprechen: „Wir Wölfe werden in Zukunft auf deine Rentierherde aufpassen, wenn hier niemand ist. Sage deinen Leuten, dass sie nicht auf uns schießen sollen, da wir nichts von euch wollen, nur ab und an mal ein paar Stücke Fleisch, wenn ihr schlachtet. Ich bin froh, dich kennengelernt zu haben.“

Damit gibt die Wölfin ein Zeichen und alle laufen zusammen aus dem Gehege davon. Der kleine Wolf verabschiedet sich schnell von Andrej, indem er um seine Beine schleicht. Dann ist auch er verschwunden.

Andrej überlegt, als er das Tor schließt: Es gibt also einen sprechenden Wolf. Können alle Tiere sprechen? Ich weiß es nicht. Es war Zufall, dass ich den kleinen Wolf aus der Fangschlinge befreien konnte. Sonst hätte ich es nie erfahren. Aber es soll mein Geheimnis bleiben. Ich werde zu Hause nur erzählen, dass mir die Wölfe geholfen haben, den Tiger zu verjagen. Dann werden die Wölfe nicht mehr geschossen. Jetzt repariere ich erst mal den Zaun.

Sternschnuppen-Tanz

Dunkelheit überzieht das Land. Einsam und verlassen stehen Aiana (Ewige Blüte) und Chesmu (Tapfer und Mutig) in der Prärie von Arizona. Die riesigen Steingebilde, die vereinzelt im Gelände stehen, wirken bedrohlich. Schon seit zwei Tagen laufen beide durch die Prärie. Sie sind von ihrem Stamm verjagt worden, da sie dem Häuptling ihre Liebe zueinander mitgeteilt haben. Der Häuptling war außer sich und wurde böse, denn Aiana ist einem anderen Krieger versprochen worden. Genau diesen will Aiana aber nicht zum Mann nehmen. Akando heißt der Krieger, der es nicht verstehen kann, dass er, der beste Krieger des Stammes, von Aiana nicht akzeptiert wird. Sie will ihn nicht, denn sie hat erkannt, dass er hinterhältig ist. Schließlich heißt Akando Hinterhalt. Genau dieses hinterhältige Verhalten zeigt Akando täglich bei Übungen für den Kriegsfall. Akando kämpft mit unfairen Mitteln, er verletzt bewusst seine Übungspartner. Er nutzt kurze Unaufmerksamkeiten seines Gegners, um dann erbarmungslos zuzuschlagen. Akando hat nur einen einzigen Freund im Stamm, den Häuptling. Dieser ist froh, einen solchen Krieger in seinen Reihen zu haben.

Da Aiana eine Ehe mit Akando nicht eingehen will, wurde sie zusammen mit Chesmu verstoßen. Da half das Aufbegehren anderer Krieger und der

Eltern der beiden nichts. Der Häuptling blieb bei seiner harten Meinung und beide mussten den Stamm verlassen. Begleitet von den Worten: „Sucht euch einen neuen Stamm, hier könnt ihr nicht mehr bleiben!“, verlassen sie das Lager. Akando schaut den beiden nach. Seine Gedanken sind böse und nachtragend.

„Komm, Aiana! Wir legen uns da vorne unter den vorstehenden Felsen. Dort können wir bis morgen bleiben“, sagt Chesmu zu Aiana.

Diese nickt nur, sie ist erschöpft. Zwei Tage sind schon vergangen. Zufällig haben sie in der Prärie ein Wasserloch gefunden und dort ihre Wasserschläuche aufgefüllt.

Aiana hat ein wenig getrocknetes Fleisch in ihrem Beutel. Sie gibt Chesmu etwas davon ab und sagt: „Wir müssen morgen unbedingt jagen, sonst verhungern wir.“

Chesmu ist müde und nickt nur stumm als Antwort. Erschöpft bauen sie ihr Nachtlager und Chesmu hat eine traumlose Nacht. Aiana dagegen wird mitten in der Nacht wach, steht auf, geht einige Schritte. Ihr Blick richtet sich gegen den Himmel. Da sieht sie zwei Sternschnuppen nebeneinander vorbeifliegen. Ein wunderschöner Anblick für Aiana! Sie denkt sich schnell zwei Wünsche aus, die sie morgen früh Chesmus erzählen möchte. Sie dreht sich lächelnd um und stößt mit jemandem zusammen. Es ist Akando, der den beiden die ganze Zeit über gefolgt ist. Er hält ihr blitzschnell den Mund zu. Aiana wehrt sich heftig. Für einen kurzen Moment lockert sich der Griff und sie ruft nach Chesmu. Verärgert stößt Akando Aiana von sich weg. Jetzt stehen sich die zwei Krieger angriffslustig gegenüber.

„Ich bin euch beiden gefolgt und werde dich jetzt bezwingen, Chesmu, und Aiana nehme ich mit zurück ins Lager!“ Während er das sagt, stößt Akando seinen Speer in Richtung Chesmu.

„Daneben!“, lässt Chesmu seinem Ärger freien Lauf und tänzelnd bewegt er sich nach rechts und links. Akando ist wütend und versucht es ein zweites Mal. Während des Kampfes achtet Akando nicht auf Aiana. Sie hat einen handgroßen Stein aufgehoben und schlägt ihm damit auf den Hinterkopf. Akando stürzt nach vorne und landet vor den Füßen von Chesmu. Sofort kniet er sich auf Akando und fixiert seine Arme nach hinten, wobei er sich von Aiana ein Seil geben lässt, um ihn zu binden. Chesmu steht auf, dreht sich zu Aiana hin und beide umarmen sich.

„Wir hatten Glück“, gibt er Aiana zu verstehen.

Doch sie verneint und sagt: „Nein, es waren die beiden Sternschnuppen, die ich am Himmel gesehen habe. Denn ich habe mir gewünscht, mit dir frei zu sein und mit unserem Stamm weiter glücklich leben zu können.“

Chesmu schaut erst irritiert, dann sagt er: „Dann lass uns zum Dank den Sternschnuppentanz tanzen, komm!“ Er nimmt die Hand von Aiana und beide bewegen sich langsam im Morgengrauen. Es ist ein anmutiger und einsamer Tanz in der Prärie von Arizona. Ihre Bewegungen sind manchmal heftig. Keine Trommeln begleiten sie, nur die Stimme von Chesmu. Ihre Blicke richten sich zum Himmel. Wieder sehen sie eine Sternschnuppe ihren Weg ziehen.

Am frühen Morgen beraten sie und einigen sich darauf, zurück zu ihrem Stamm zu laufen, zusammen mit Akando, der es schwer hat, mit gefesselten Armen den teils beschwerlichen Weg zu gehen. Er flucht und schimpft. Am frühen Nachmittag nähern sie sich dem Lager. Ihre Freunde empfangen sie mit freudigen Rufen. Ihr Weg endet am Tipi des Häuptlings. Als dieser vor ihnen steht, bleibt sein Blick bei Akando hängen. Unverständnis sieht man in seinen Augen. „Was wollt ihr hier? Ihr seid verbannt, der Stamm will euch nicht hier haben“, spricht er in Richtung der beiden.

Chesmu schaut den Häuptling an und antwortet: „Du kannst das nicht alleine bestimmen. Ich will, dass der Ältestenrat sich versammelt, um darüber zu beraten, ob Aiana und ich den Stamm verlassen müssen. Akando wird so lange gefesselt bleiben, bis der Rat sein Urteil über ihn gefällt hat. Er hat nämlich letzte Nacht Aiana angegriffen und wollte mich töten."

Der Häuptling ist wütend. Da wird er vom Medizinmann angesprochen: „Chesmu hat Recht, es war Unrecht von dir, die beiden in die Wüste zu schicken. Außerdem ist deine Entscheidung ohne uns getroffen worden. Wir werden uns zusammensetzen, alle zu Wort kommen lassen und dann entscheiden!"

Der Ältestenrat sitzt am Lagerfeuer. Zuerst spricht Aiana, die ihren Wunsch ausdrückt, Chesmu heiraten zu wollen. Sie spricht von dem unverhofften Angriff in der letzten Nacht durch Akando. Chesmu äußert seinen Wunsch, hier im Lager in Frieden mit allen zu leben. Das ist aber nicht möglich, wenn Akando und der Häuptling im Stamm bleiben.

Der Häuptling ist außer sich und will Chesmu das Reden verbieten. Der Ältestenrat teilt dem Häuptling mit, dass auch er sich an die Regeln zu halten hat. Somit hört der Häuptling nur wütend zu. Nachdem auch Akando seine überhasteten Ausführungen beendet hat, wird über die Situation beraten. Nach kurzer Zeit der Beratung verkündet der Rat seinen Entschluss. Der Medizinmann spricht für den Ältestenrat: „Hört unsere Entscheidung: Chesmu und Aiana sind wieder im Kreis unseres Stammes aufgenommen. Wir können keine Entscheidung treffen, wen Aiana zu heiraten hat, das kann nur sie alleine. Wir haben herausgefunden, dass nicht der ganze

Stamm damit einverstanden war, die beiden zu verbannen. Hiermit sei verkündet, dass sich unser Häuptling falsch verhalten hat. Es ist der einheitliche Beschluss, dass du“, dabei schaut er den Häuptling an, „nicht klug genug handelst und nicht länger unser Häuptling sein kannst. Du bist abgesetzt!“

Akando bekommt mitgeteilt, dass er entweder das Lager verlassen muss oder sich den Gesetzen des Stammes zu beugen hat. Akando schaut in die Runde und sieht in vielen Gesichtern eine Ablehnung. Also steht er auf, nimmt seine Habseligkeiten und verlässt stumm das Lager.

Am selben Abend sitzen die Krieger am Lagerfeuer. Aiana und Chesmu schauen sich liebevoll an, stehen auf und tanzen als Dank für den guten Ausgang den Sternschnuppentanz. Diesmal geben die Trommeln den Rhythmus vor. Immer mehr Krieger erheben sich. Ein neuer Tanz ist geboren. Keiner sieht, dass am Himmel viele Sternschnuppen ihre Bahnen ziehen.

Klara sieht besser

Klara ist sechzehn Jahre alt und wohnt in Deutschland. Eines Tages kommt ihre Freundin Inge zu ihr und sagt: „Ich möchte mit dir in den Urlaub fahren."

Klara schaut in die Richtung, wo sie Inge vermutet, weil sie von dort ihre Stimme wahrgenommen hat. Ihr Blick ist leer, denn Klara ist blind. Ihr Gesicht zeigt Unverständnis.

„Wie, du möchtest mit mir in den Urlaub fahren? Du weißt, ich kann die Schönheit der Natur nicht sehen, eher nur fühlen. Also, warum willst du mich mitnehmen?"

„Klara, du bist meine Freundin, da gibt es bei mir nicht viel zu überlegen. Ich möchte mit dir zusammen nach Lanzarote fliegen."

Klara freut sich natürlich über dieses Angebot, gibt aber zu bedenken: „Meine Welt ist grau, weiß und dunkel. Es gibt auch Lichtreflexe und Momente des schemenhaften Erkennens. Da kann ich manchmal etwas sehen, weil ich es mir zurechtlege und weil ich es so gerne sehen möchte. Ich werde dir auf Lanzarote keine Unterstützung sein, eher ein Hindernis."

„Nein, Klara, so akzeptiere ich das nicht. Ich frage dich doch nicht, ob du mit mir in den Urlaub fährst, wenn du für mich ein Hindernis bist."

Eine Stunde später ist alles mit den Eltern von Klara abgesprochen. Acht Tage Urlaub auf

Lanzarote stehen bevor. Inge erzählt Klara, was sie in den Reiseprospekten sieht. Sie schildert ihr das Hotel, die Umgebung und das blaue Meer.

Vier Wochen später sind beide auf der Urlaubsinsel angekommen. Klara steht auf dem Balkon des Hotels und blickt in die Ferne, aber es sieht nur so aus, als ob sie etwas erkennen kann. Klara atmet bewusst langsam und tief die warme Luft ein. Sie fühlt mit ihrem Körper, aber es ist zu wenig für sie. Daher bittet sie Inge, mit ihr in den Hotelgarten zu gehen.

„Ich möchte die Insel wahrnehmen und mit allen Sinnen spüren, was es hier alles gibt.“ Inge nimmt Klara an die Hand und beide machen einen Spaziergang unweit des Hotels, vorbei am dunklen Sandstrand der Insel. Klara bleibt an verschiedenen Stellen stehen und lauscht. „Inge, ich fühle die Insel. Es ist so seltsam! Wenn ich mich darauf konzentriere, kann ich Dinge sehen, wie beim Träumen. Ich sehe eine zerklüftete Insel. Ich möchte dir gerne genau erzählen, was ich sehe. Du malst doch ab und zu, Inge. Meinst du, dass du das malen kannst, was ich sehe, wenn ich es dir beschreibe? Sei du meine Hand und male, was ich sehe! Ich bin dann dein Auge.“

Inge schaut Klara an und verspürt eine Gänsehaut. Sie denkt: Klara kann die Insel sehen. Das ist einzigartig.

Klara wartet immer noch auf eine Antwort von Inge und sucht ihre Hand. „Klara, was du gerade gesagt hast, ist so überwältigend für mich, dass ich das erst mal verstehen muss. Ja, ich werde das zeichnen, was du mir erzählst und später mit Farbe füllen!“

Auf dem Rückweg zum Hotel kauft Inge in einem Bastelladen einen Zeichenblock und Buntstifte.

Am anderen Morgen organisieren sie im Ort einen privaten Fremdenführer, der sie zu Stellen führen soll, die für Touristen interessant sind. Der Fremdenführer ist über die Blindheit von Klara informiert und hat die Tour entsprechend geplant. Sie fahren mit einem Jeep über die Insel, teilweise durch holpriges und unwegsames Gelände. Hin und wieder lässt Inge den Wagen anhalten und zusammen spazieren sie über die Lavafelder.

„Ich rieche Wasser. Wir sind doch nicht am Strand, oder?“

„Nein, wir laufen über Lavafelder. In der Nähe sind tiefe Krater und Vulkanberge. Noch heute sieht man der Landschaft auf Lanzarote an, dass die Insel vulkanischen Ursprungs ist. Vor uns ist ein kleiner See.“

Inge will weitersprechen, wird aber von Klara gestoppt. „Warte einen Moment, ich sage dir, was ich spüre und sehe. Es ist schön hier, einmalig und bunt. Ich kann mir die Farben gut vorstellen: Blau, Orange, Grün. Ich rieche das Wasser. Vor dem See sehe ich zwei Felsen, die wie Gesichter aussehen und sich anschauen. Sie sind unförmig und hässlich. Genau zwischen den Felsgesichtern kommt Wasser aus der Erde. Es sprudelt und fließt in eine Art Tümpel. In diesem Tümpel bewegen sich zwei unförmige Tiere. Wie süß die aussehen! Das Tier, da rechts, hat zwei Schwänze und sieht aus wie ein Vogel, es ist aber kein Vogel. Das Tier auf der anderen Seite hat keinen Körper, sondern nur einen großen Fuß. Allerdings scheint es mit dem linken Felsen verbunden zu sein. Einfach schön!“ Inge hält zu Beginn der Ausführungen ihren Zeichenblock griffbereit unter ihrem Arm und fängt nun an zu zeichnen, während Klara erzählt. Die Beschreibungen von Klara hat sie genau übernommen. Der Fremdenführer, der etwas hinter den beiden steht, ist fasziniert von Klaras Schilderungen. Er schaut genau hin und bemerkt die Ähnlichkeiten der Felsformation mit Klaras Aussagen.

Die Tour geht weiter über die Insel. Beim nächsten Halt bittet der Fremdenführer die beiden aufzupassen, da es hier an verschiedenen Stellen warm oder heiß werden kann, denn ab und an stoßen kleine Feuer aus den Kraterlöchern. Zum Beweis hält er einen trockenen Ast in einen kleinen Krater, der beim Herausziehen brennt. Klara riecht das verbrannte Holz und zuckt etwas zurück.

„Du brauchst keine Angst zu haben, Klara. Unser Fremdenführer hat einen Ast in einen kleinen Krater gesteckt, der sofort Feuer gefangen hat.“

Klara ist erleichtert und dreht sich lachend um die eigene Achse. „Ist das schön hier! Am Horizont sehe ich ein Gebirge. Ich spüre Wärme und sehe einen kleinen See, in dem zwei Fische schwimmen, die sonderbar aussehen. Einer davon hat einen Schwanz wie ein Krabbeltier. Hinter dem kleinen See sehe ich einen Erdhügel, der angereichert ist mit Vulkangestein, hochstehendem Gestrüpp und Steinspitzen. Dieses Gebilde sieht aus wie ein tierisches Lebewesen mit Krallenpfoten und Augen, also wie ein Maulwurf mit halbgeschlossenen Augen. Dahinter speit der unterirdische Vulkan kleine Lavastreifen in die Höhe. Inge, was siehst du denn?“, fragt Klara.

Inge, die die Aussagen wieder zeichnerisch zu Papier gebracht hat, schaut von ihrem Zeichenblock auf und entdeckt tatsächlich kleine Lavastreifen, die aus dem Boden nach oben schießen.

Das ist nicht gefährlich, aber man spürt, dass der Berg lebt, denkt Inge. „Ja, ich sehe auch Lava aus der Tiefe nach oben steigen. Du gibst mir so viel Neues zu sehen, Klara, das ist unglaublich. Du bringst mir durch dein Sehen die Natur noch näher.“

Der Fremdenführer meldet sich zu Wort: „Wir fahren jetzt an eine Stelle der Insel, wo die Lava bis ins Meer geflossen ist. Kommt, steigt ein! Wir werden mit einem Fischerboot auf das Meer hinausfahren und schauen uns die Insel vom Wasser aus an.“

Die Fahrt zum Hafen dauert nicht lange. Sie steigen in ein kleines Boot und tuckern langsam ein Stück hinaus auf das offene Meer. Von hier aus haben sie einen beeindruckenden Blick ins Landesinnere: Es gibt einige Palmen, die sogar auf der Lava wachsen und einen dunklen Sandstrand, der an verschiedenen Stellen doch wieder den Natursand zeigt, den man so kennt. Das Boot hält an, denn der Fremdenführer hat dem Kapitän mitgeteilt, dass die blinde Klara ihre Vorstellung von dem erzählen möchte, was die anderen mit ihren Augen tatsächlich sehen können. „Und ihre Freundin möchte das Erzählte zeichnen“, fügt er hinzu.

Klaras Blick zeigt Faszination. Sie hat kleine Schweißtropfen auf der Stirn, aber es sind keine Anzeichen von Angst oder Furcht erkennbar.

Sie beginnt, zu erzählen: „Oh, wie ist das schön! Ich sehe Fabelwesen, schwebende Gestalten. Es können aber auch zwei kleine Monster sein. Eines dieser Fabelwesen, mit Hörnern am Kopf, steht mit beiden Beinen im seichten Wasser und spielt mit einer Krabbe. Es muss eine Krabbe sein, denn sie hat große Scheren vorne an den Armen. Eine dieser Scheren hat sie auf die Hand des Fabelwesens im Wasser gelegt. Das Wesen mit den Scheren erscheint in grüner Farbe, das andere Fabelwesen ist gelblich oder braun. Bunte Punkte umschweben die beiden.“ Klara atmet tief ein und Inge schaut von ihrer Zeichnung hoch.

„Ist alles okay mit dir?“, fragt sie besorgt.

„Ja, es ist alles so aufregend für mich, was ich wahrnehme! Ich habe ja sogar im Moment eine Vorstellung von Farben. Ich will einfach mal eintauchen in die Welt der Fabelwesen. Sie können doch nicht böse sein, oder? Wo kommen sie wohl her, aus dem Wasser oder aus dem Feuer? Oder sind sie nur in meinen Gedanken? Aber ich sehe sie doch ganz deutlich, obwohl ich blind bin!“

Inge ist hin und weg bei den Ausführungen von Klara, denn sie hat in dieselbe Richtung geschaut wie sie. Sie sieht tatsächlich Felsformationen, die so aussehen wie Fabelwesen. Inge freut sich sehr darüber, dass es nicht nur Fantasie ist, was bei der Beschreibung ihrer Wahrnehmung aus Klara herauskommt. Sie ist tief beeindruckt und erstaunt, wie nahe Klara dabei an der Wirklichkeit ist. Still und gerührt stehen unterdessen auch der Kapitän und der Fremdenführer hinter Klara. Der Kapitän wischt sich am Auge, so, als hätte er eine Träne vergossen. Der Fremdenführer muss ihm wohl alles, was Klara erzählt hat, leise ins Spanische übersetzt haben.

„So, nun geht es an den letzten Ort unserer Besichtigungstour. Wo wir jetzt hinfahren, gibt es keine Touristen, nur Insulaner. Dort ist es einsam und die fast unberührte Natur ist wunderschön. Wir fahren zu einer romantischen Bucht“, erklärt der Fremdenführer. Der Kapitän lässt den Motor an und steuert das Fischerboot wieder nahe an die Küste heran.

Klara steht an Backbord, also auf der linken Seite des Bootes. Inge schaut gespannt zu ihr hin und sagt: „Wir sind gleich da. Ich kann den Strand der Bucht schon erkennen. Was sagst du, Klara? Spürst du schon was?“

Inge wartet auf die Beschreibungen von Klara. Es scheint, dass Klara in sich gekehrt ist und über etwas nachdenkt. Dann fragt sie den Fremdenführer: „Wie tief ist das Meer denn hier? Kann ich hier im Wasser schon stehen oder schwimmen? Ich möchte das Wasser spüren.“

Der Fremdenführer fragt den Kapitän. Dieser antwortet auf Spanisch. Der Fremdenführer übersetzt: „Das Boot fährt noch weiter in die Bucht hinein, bis ganz nah an das Ufer. Du kannst dann über eine kleine Leiter ins Wasser steigen, wenn du möchtest.“

Klara zieht ihr Kleid und die Schuhe aus und steht schon erwartungsvoll im Badeanzug an der Reling, als das Boot die Stelle zum Aussteigen erreicht hat. Inge hilft Klara, die kleine Leiter hinunterzusteigen. Sie taucht einmal kurz unter und sucht sich mit den Füßen einen festen Untergrund, wo sie gut stehen kann. Leichte Wellen berühren sanft ihren Körper. Inge sitzt mit dem Zeichenblock in der Hand auf einer Fischkiste im Boot und beobachtet aufmerksam ihre Freundin. Eine Zeit lang sagt Klara nichts, dann lächelt sie.

„Danke, Herr Kapitän, da haben Sie aber für mich eine tolle Stelle ausgesucht, wunderschön! Jetzt spüre ich mehr und mehr die Verbindung zur Insel." Der Fremdenführer übersetzt die Worte wieder auf Spanisch.

„Ach, du meine Güte, was ist das schön! Hier würde ich gerne wohnen. Drei Fischerhütten und eine Palme verschönern die Gegend. Ich spüre Ruhe und Gelassenheit. Ich sehe lustige Menschen. Zwei Figuren gehen gerade aneinander vorbei. Sie kennen sich und grüßen sich. Bis zur Brust stehen sie im Wasser, so, wie ich jetzt. Oh, da hinter ihnen springt ein großer Fisch aus dem Wasser! Die beiden Männer sind so mit sich beschäftigt, dass sie den großen Fisch gar nicht bemerken. Vorne am Strand ist der Sand gelb, weiter hinten ist er schwarz. Im dunklen Sand gibt es ein paar kleine Feuerfontänen."

Inge ist hin- und hergerissen von Klaras Ausführungen. Da sie sich bisher nur auf das Malen konzentriert hat, war ihr Blick nur auf das Zeichenblatt gerichtet. Jetzt geht ihr Blick an den Strand und sie bemerkt ein Fischerdorf mit kleinen Hütten sowie schattenspendende Palmen am hellen Sandstrand. Inge schaut zu Klara hinüber, die nun im Wasser schwimmt.

„Inge, komm auch ins Wasser! Das Wasser ist so herrlich warm. Wir können ja mal gemeinsam zum Strand schwimmen. Ich fühle mich sicherer, wenn du neben mir im Wasser bist." Kurze Zeit später schwimmen beide bis an den Strand und lassen sich lachend in den warmen Sand fallen. Drei Frauen mit Körben und zwei Männer mit Netzen kommen auf sie zu. Inge versucht, auf Englisch zu erklären, was sie hier wollen. Einer der Fischer versteht sie tatsächlich und bemüht sich, Klara und Inge ein bisschen über ihre Lebensweise auf Lanzarote zu erzählen. Dann heißt es auch schon, Abschied nehmen, denn der Kapitän hat einmal das Schiffshorn betätigt. Also schwimmen sie zurück zum Boot. Ein erlebnisreicher Urlaubstag geht zu Ende.

Bald ist der Urlaub vorbei und es geht zurück nach Deutschland. Im Flieger betrachtet Inge noch einmal die vier Bilder und versucht, sich in sie hineinzuversetzen. Sie hat erlebt, wie einzigartig die Welt ihrer blinden Freundin ist. Die Feinfühligkeit dieser Menschen muss einzigartig sein, ist ihre Erkenntnis. Ein blinder Mensch sieht nichts, nur graue Schatten. Er freut sich, wenn er schemenhaft Farben erkennen kann, denkt Inge und schaut auf Klara, die neben ihr sitzt. Sie hat die Augen geschlossen und schläft. Dann überkommt Inge ein seltsames Gefühl von Glück und sie denkt: Mensch, Klara, du siehst viel mehr und sogar besser als ich. Das macht mich glücklich. Ab jetzt kannst du die Bilder bei dir aufhängen und vielleicht hast du die Möglichkeit, sie zu betrachten?

Diese Geschichte ist frei erfunden. Allerdings ist trotzdem sehr viel Wahrheit darin enthalten. Eine blinde Frau hat ihrer Schwiegertochter erzählt, was sie sieht. Die Schwiegertochter ist Malerin und hat die vier Bilder nach Hörensagen gemalt.

Das steinerne Buch

Xenius, der Zauberer, sitzt in seiner Hütte und schaut intensiv auf ein dickes, großes Buch. Seine langen, strähnigen Haare hängen ihm vor den Augen. Er steht auf und prüft sein schwarzes Gewand. Er setzt sich einen Hut auf, um die Haare zu verdecken. Xenius hat sich vor einiger Zeit diesen Hut, der aus Filz gearbeitet ist, beim Hutmacher gekauft. Er setzt den Hut ab, nimmt ein Messer und schneidet damit seine langen Haare kürzer. Seine Gedanken sind bei der Verkleidung. Ja, das muss er tun, denn der Inquisitor jagt Xenius.

In der Stadt San Francesco kann er sich nicht sehen lassen. Zu groß ist die Gefahr, trotz Verkleidung erkannt zu werden. Was kann er noch tun, um unerkannt zu bleiben? Der Inquisitor ist ja schon in der Stadt. Jeden Augenblick können die Häscher von Inquisitor Santorio bei ihm sein. So überlegt er, schnellstmöglich diesen Ort zu verlassen, um nach Florenz zu gehen. Aber wohin mit dem Buch von Giordano Bruno?

Papst Clemens der Achte hat vor drei Jahren Giordano Bruno hinrichten lassen. Giordano Bruno, ein Freund von Xenius, war ein italienischer Philosoph. Seine Stärke war das Wort. Unter Mithilfe vieler Sympathisanten ließ Giordano seine Gedanken niederschreiben. Das hat der katholischen Kirche natürlich nicht gefallen. So wurde Giordano am

17. Februar 1600 auf dem Scheiterhaufen verbrannt. Man hatte ihm die Zunge, die aus dem Mund hing, am Unterkiefer festgebunden. Das Volk stand wie versteinert auf dem Marktplatz. Keiner war mit der Hinrichtung einverstanden. Aber was konnte die Bevölkerung tun? Nichts, denn natürlich wollte man sich nicht in die Hände der Inquisitoren begeben. Der Inquisitor war in keiner Weise begeistert, wie sich das Volk auf dem Marktplatz gezeigt hat. Das Volk nahm die Hinrichtung stumm und anteilslos an, man hatte damit gerechnet, dass Giordano etwas zu sagen hatte. Aber dies wurde durch die festgebundene Zunge verhindert. Man litt mit Giordano. Niemand hatte faules Obst, faule Eier oder Gemüse dabei, um den Verurteilten zu bewerfen, was man sonst immer mit den Delinquenten tat. Durch das Desinteresse der Zuschauer, Giordano zu bewerfen, war der Inquisitor gezwungen, die Hinrichtung schneller als sonst durchführen zu lassen. Auch fühlte er sich ein wenig in seiner Ehre verletzt. Er stellte sich noch mehr in Position und wollte seine Stimme erheben. Da wurde eine Stimme aus den Reihen der Zuschauer laut: „Sag was, Giordano! Sag, wie es dir geht!“ Sofort sandte der Inquisitor seine Häscher aus, um nach dem Mann zu suchen, der das gerufen hatte. Aber das Volk stand steif, wie festgenagelt, auf der Stelle. Die Häscher kamen nur stückweise voran und der Sprecher konnte ungehindert verschwinden.

Xenius schaut auf und reibt seine müden Augen. Vor ihm liegt das Buch von Giordano Bruno. Sätze über die Machenschaften der Kirche, der Inquisition sowie Zauberformeln sind in diesem Buch niedergeschrieben. Für die Kirche ist das Ketzerei. Xenius' Aufgabe ist klar umschrieben. Er möchte in den nächsten Wochen seine eigenen Zauberformeln und Ideen und die momentane Situation der Kirche in diesem Buch niederschreiben. Jetzt, drei Jahre nach dem Tod von Giordano, ist Xenius der Zweite, der das Buch mit seinen Ideen füllen wird. Zauberformeln, die geheim bleiben und vor der Inquisition geschützt werden müssen. Xenius weiß, wie das Buch vor fremden Augen geschützt werden muss. Giordano hat etwas Geheimnisvolles angewendet, um das Buch zu schützen. Ein Wort, verbunden mit einer Berührung des Buches, lässt es versteinern. Er nimmt das Buch, einen Stift und macht sich auf, um tiefer in den Wald zu gehen. Gott sei Dank ist Nebel, der sich nur langsam verflüchtigt.

Ich kann nicht hier in der Gegend bleiben. Ich werde ins Kloster der Heiligen Jünger gehen und um Zuflucht bitten.

Etwas später sitzt Xenius dann auf dem weichen Grasboden einer Lichtung und beginnt, seine Zauberformeln in das Buch zu schreiben.

Am frühen Abend hört Xenius Stimmen. Sie kommen aus der Richtung seiner Hütte. Er hört wütende Stimmen, dann sieht er eine Rauchsäule in den

Himmel steigen. Die Stimmen entfernen sich und er weiß, dass seine Behausung niedergebrannt worden ist. Xenius hat genau wie Giordano keine Angst vor der Inquisition, aber er muss vorsichtig sein und weiß, wie ungerecht und brutal die Kirche gegen sogenannte Ketzer vorgeht. Eine Hinrichtung hat er selber in Mailand miterlebt. Eine Frau mit roten Haaren war auf dem Scheiterhaufen verbrannt worden. Eine ehrliche Bürgerin Mailands. Sie hatte nur rote Haare. Die Ungerechtigkeit schrie zum Himmel und die Kirche nahm den Irrglauben der Bürger gerne auf, die an Hexen glaubten. Für die Bürger war die Frau mit den roten Haaren eine Hexe. Xenius kannte eine Frau mit zwei unterschiedlichen Farben der Iris, blau und braun. Als Kind hatte die Frau es schwer, da sie von ihrer Mutter im Hause gehalten wurde, um als Dienstmagd zu arbeiten. Sie trug immer eine Augenbinde, um das braune Auge zu verdecken. Bei einem Einkauf auf dem Markt wurde sie als Kind angesprochen, was denn mit dem Auge passiert sei. Die Frau riss dabei die Augenbinde ab und erkannte sofort die unterschiedlichen Augenfarben. Sie schrie auf: „Das Kind trägt das Böse in sich!“ Sofort teilte sich die Menge auf. Von da an hatte ihre Familie keine Möglichkeit mehr, sich dagegen zu wehren. Beim Einkauf war es sogar so, dass das Kind Obst und Gemüse geschenkt bekam, wenn es etwas angefasst hatte. Die Inquisition ließ sie Gott sei Dank in Ruhe, da der Vater des

Kindes als ehrbarer Handwerker bekannt war. Als die Situation doch zu eskalieren drohte, zog die Familie in eine andere Stadt, um vor der Kirche sicher zu sein.

Dies alles schreibt Xenius in das Buch. Dann macht er sich auf den Weg in das besagte Kloster. Zwei Wochen später findet er Unterschlupf bei den Mönchen vom Kloster der Heiligen Jünger.

Xenius hat sich auf der Wanderung nach Mailand mit einem Mönch angefreundet. Bei einer Rast am Wegesrand kommt Anselm, der Mönch, auf ihn zu. In einer Hand trägt er eine dunkle Tasche.

„Darf ich mich zu dir setzen?"

Xenius winkt ihn zu sich und bietet dem jungen Mönch einen Platz neben sich an.

„Ich bin Anselm aus dem Kloster der Heiligen Jünger und komme von einer Bäuerin, die einen Abszess in ihrem Gesicht hatte, den ich operativ entfernt habe."

„Ihr seid Chirurg? Darum die Tasche?"

„Nicht ganz, mein Freund, ich habe zwar in Mailand eine Ausbildung gehabt, konnte die Ausbildung aber nicht mehr bezahlen und bin dann ins Kloster gegangen. Abt Thomas hat meine Begabung erkannt und mir die Möglichkeit gegeben, mein Können zu verbessern. So habe ich zuerst meine Chirurgie im Kloster ausgeübt. Die umliegenden Bauern haben davon gehört und fragen zuerst im Kloster nach, ob ein Arzt gegenwärtig ist. So bin ich also viel unterwegs.“

Beide erzählen sich während der Wanderung von ihren Nöten und Sorgen und über die Arbeit im Kloster. Xenius fragt Anselm, wie er zu der Inquisition steht, und bekommt eine zufriedenstellende Antwort.

„Ich und meine Brüder im Kloster sehen die Handlungsweise der Abgeordneten des Papstes sehr bedenklich. Die Macht der Kirche wird missbraucht. Es ist kein Wunder, dass der neue Glaube von Martin Luther auch hier in Italien Anklang findet. Aber bitte, bringe meine Meinung nicht unter das Volk, sonst haben wir Mönche die Inquisitoren auch im Kloster.“

Xenius weiß jetzt, dass er zu Anselm Vertrauen haben kann, und überlegt, ob er ihm sein Geheimnis anvertrauen soll. Da wird er auch schon von Anselm angesprochen: „Was trägst du denn da für ein großes Buch mit dir herum?“

Xenius schluckt und schaut Anselm an. „Komm, wir setzen uns dort drüben unter den Baum. Dann haben wir Schatten und ich erzähle dir etwas von mir und dem Buch.“ Xenius überlegt, was er Anselm erzählen kann. Dann beginnt er mit seiner Geschichte. Der Mönch macht große Augen, als er hört, dass Xenius ein Zauberer auf der Flucht vor der Inquisition ist und das Buch von Giordano Bruno mit sich führt.

„Du hast das Buch von Giordano Bruno bei dir? Mein Kloster hat Giordano Bruno verehrt. Er war sogar schon einmal bei uns im Kloster. Dort erzählte er uns, dass er ein Buch beginnen möchte. Es soll Zauberei und Informationen über die Inquisition in Italien beinhalten. Dann machte er sich auf, um an dem Buch weiter zu schreiben, das er bei uns begonnen hat. Bleibe bei uns im Kloster, unser Abt Thomas wird dir sicher erlauben, so lange bei uns zu bleiben, wie du möchtest."

Am späten Nachmittag kommen beide im Kloster an. Sofort geleitet Anselm Xenius zum Abt. Dieser begrüßt ihn freundlich und teilt ihm mit, dass er so lange im Kloster bleiben kann, wie es ihm beliebt. Dann wendet sich der Abt zu Anselm und sagt: „Geh zu Pater Cullus, er hat wieder ein Problem mit seinem Magen." Mit einem Blick zu Xenius sagt er: „Was führt dich zu uns ins Kloster?"

„Ich bin Xenius und werde von der Inquisition gesucht. Ich habe das Buch von Giordano Bruno bei mir und möchte es vervollständigen. Ich bitte um Unterkunft."

Der Abt schaut Xenius verwundert an. „Das Buch von Giordano Bruno hast du? Was machst du damit? Darf ich es sehen?"

Xenius schaut dem Abt in die Augen, denn er hat gelernt, dass man vieles in den Augen sehen kann. Er sieht den Abt an. Nichts deutet darauf hin, dass Thomas etwas anderes möchte, als in das Buch zu sehen. Seine Augen spiegeln nichts Verräterisches wider, nur reines Interesse.

„Ich werde Euch das Buch zeigen, wenn ich meine Gedanken darin niedergeschrieben habe."

Thomas ruft einen Novizen, der Xenius seine Kammer zeigen soll. Den restlichen Nachmittag verbringt er mit dem Schreiben von Zauberformeln und seiner Reiseerlebnisse. Ebenso vergisst er nicht seine Erfahrungen mit der Inquisition. Xenius weiß, dass er das Buch bei einer Verwandlung zu Stein werden lassen kann. Was er noch nicht weiß, ist, wie die Rückverwandlung funktioniert. Er überlegt, wo er das Buch unterbringen soll, wenn es zu Stein geworden ist.

Am frühen Abend macht er einen Spaziergang in den Klostergarten. Vorbei am Gemüsegarten und an den Apfelbäumen, steht er plötzlich an der Steinwand des Klostergartens. Er sieht sich um und weiß jetzt, wo das versteinerte Buch seinen Platz finden wird: Hier an der Mauer zwischen den beiden Bäumen! Er macht sich auf den Rückweg in seine Kammer, nimmt das Buch und geht zurück in den Klostergarten. Dort stellt er das Buch hochkant auf einen großen Stein, streicht über eine markante Stelle auf dem Buchrücken und sagt das bestimmte Wort. Dann sieht er sein Werk. Vor ihm steht auf dem Stein das Buch von Giordano Bruno. Er schaut sich genau die sichtbare Vorderseite des Buches an. Nichts deutet darauf hin, dass es das Buch von

Giordano ist. Xenius ist beeindruckt und ihm kommt die Rückverwandlung in den Sinn.

Nun, heute versuche ich das nicht, denkt er. Ich bleibe ja noch im Kloster.

Mit diesem Gedanken geht er in den Saal, wo schon alle Mönche beim Abendessen sitzen.

„Xenius, wir haben hier feste Zeiten für unser Mahl, lass dir von Pater Cullus die Zeiten nennen. Dann möchte ich gleich mit dir etwas besprechen. Vito, sprich bitte das Abendgebet!"

Nach dem Essen klopft Xenius an die Tür von Abt Thomas, der ihn hereinbittet. „Xenius, du musst ab heute eine Kutte anziehen. Wir bekommen morgen Nachmittag Besuch von unserem Bischof aus Florenz. Er macht eine Visite. Unsere Brüder wissen Bescheid und werden nichts sagen. Du wirst wie ein Novize behandelt, sodass es sein kann, dass du aufgefordert wirst, die Arbeit eines Novizen zu übernehmen. Keine Bange, Vito hilft dir dabei. Es kann sein, dass Bischof Augustinus unser ganzes Kloster inspizieren möchte. Daher bitte ich dich, das Buch von Giordano Bruno so zu verstecken, dass man es nicht findet. Und wundere dich nicht, dass du ab morgen Valentin gerufen wirst."

Xenius hört verwundert zu und denkt: Gut, dass ich das Buch verwandelt habe, im Garten ist es sicher. Dann sagt er: „Ich habe das Buch nicht mehr im Kloster, es ist sicher untergebracht."

Am anderen Morgen kommt Xenius als Novize Valentin in den Speisesaal. Keiner wundert sich. Auch nicht, als Vito ihn bittet, ihm bei der Arbeit für die Zubereitung des Frühstücks zu helfen. Es muss Hafergrütze angerührt werden. Alle Mönche sind den ganzen Vormittag damit beschäftigt, das Kloster in Ordnung zu bringen. Am Nachmittag wird es laut im Vorhof des Klosters der Heiligen Jünger. Ein Tross Reiter ist angekommen, begleitet von einer Kutsche. Valentin sieht den Bischof Augustinus aussteigen. Dann erschrickt er. Hinter ihm steigt ein Mann aus, den er kennt. Es ist Santorio, der Inquisitor, vor dem er geflüchtet ist. Er berührt seine Stirn und bemerkt, dass sie schweißnass ist.

Hoffentlich geht alles gut, denkt Valentin.

Alle Mönche gehen in Richtung Bischof, um ihn zu begrüßen und um den Ring zu küssen. Vito schaut Valentin an und beruhigt ihn mit Blicken. Dann flüstert er ihm zu: „Mach genau, was ich mache, und nicht sprechen."

Valentin sieht auch, dass sich die Mönche vor Santorio verneigen und dann wieder die Plätze einnehmen. Mit klopfendem Herzen geht Valentin hinter Vito her, verneigt sich vor dem Bischof und küsst den Ring. Dann verneigt er sich auch vor dem Inquisitor. Der schaut ihm interessiert ins Gesicht. Valentin bemerkt aber nichts Außergewöhnliches. Dann hört er den Abt sprechen.

„Eure Eminenz, ich begrüße Euch und Euren Gast Santorio in unserem Kloster. Seid unsere Gäste!“

Der Bischof hört den Abt, hebt kurz seinen Arm und bittet Santorio, mit ihm ins Kloster zu gehen. Beide gehen voran und die Mönche folgen den beiden. Im Saal hat der Küchenchef schon Getränke wie Bier, Wein und Wasser bereitgestellt. Die Gäste laben sich und der Hauptmann der Wache teilt gerade die Mannschaft ein, die Zelte im Garten aufstellen soll. Valentin hört, wie Bischof Augustinus dem Abt mitteilt, dass man gedenkt, bis morgen zu bleiben. Ebenfalls will der Bischof die Finanzen kontrollieren und einige Kammern der Mönche. Abt Thomas und der Bischof gehen gemeinsam in die Kammer von Thomas. Santorio bleibt im Saal sitzen und schaut Vito und Valentin zu, wie beide die Becher einräumen und zum Küchenchef bringen. Dann hören die drei die Stimme von Santorio.

„Ihr beide, kommt mal her!“

Zögernd gehen die zwei auf Santorio zu. Vito verneigt sich, Valentin macht es ihm nach. „Ihr seid Novizen, das sehe ich. Wie lange seid ihr schon hier?“

Vito antwortet: „Herr, ich bin seit einem Jahr im Kloster und möchte nächstes Jahr zum Mönch geweiht werden.“

Santorio schaut Valentin lange an. Valentin ist das sehr unangenehm und er überlegt, was er tun kann.

Tu nichts Ungewöhnliches, denkt er.

Dann spricht der Inquisitor ihn an. „Wie lange bist du schon im Kloster? Ich glaube, dich zu kennen."

„Ich komme aus Florenz und bin erst einige Tage hier. Mein Weg wird der geistige Weg sein. Dahin, wo Gott mich beruft." Valentins Blick bleibt auf dem Gesicht des Inquisitors hängen. Dann hebt sich der Arm von Santorio und scheucht beide so aus dem Saal. Valentin geht sofort in seine Kammer. Zuerst legt er sich auf sein Strohlager, doch dann besinnt er sich, da er Schritte gehört hat, steht auf und kniet sich vor das Kreuz, das an der Wand hängt. Kurze Zeit später geht die Tür auf und der Bischof und Thomas kommen in die Kammer.

„Bruder Valentin, unser Bischof will einige Kammern sehen. Wir fangen bei dir an. Aber ich sehe, du bist im Gebet." Er wendet sich zum Bischof: „Eminenz, lassen wir Bruder Valentin alleine mit seinem Gebet."

Als die Tür sich schließt, ist Valentin erleichtert.

Am Abend wird Valentin wieder von Santorio angesprochen. „Ich glaube, ich kenne dich. Du bist aus San Francesco. Stimmt es? Sag mir, ob das stimmt!"

Valentin schluckt kurz. Er bemerkt, dass alle Blicke auf ihn gerichtet sind. Er schaut zuerst in die Runde und blickt den Abt etwas länger an. Dann erhebt er seine Stimme: „Herr, ich weiß nicht, was Ihr von mir wollt. Ich bin Valentin, ein Novize in diesem Kloster. Ich komme aus Florenz und habe an der Ponte Vecchio bei der alten Brücke gewohnt. San Francesco kenne ich nicht.“

Da meldet sich Anselm zu Wort: „Ich kann das bestätigen. Ich war auf dem Heimweg von einer Bäuerin, die da krank niederlag. Ich traf Valentin, als er auf dem Weg von Florenz kommend in Richtung unseres Klosters war.“

Der Blick von Santorio wird unsicher. Er steht auf und damit ist die Befragung beendet. Wieder trifft Valentin eine große Erleichterung.

Am nächsten Morgen, die Zelte der Wachmannschaft sind abgebaut, besteigt man Pferd und Wagen. Santorio ruft noch einmal Valentin zu sich. „Du siehst einem Mann ähnlich, der von der Inquisition gesucht wird. Du kannst froh sein, ein Novize zu sein. Die Erklärungen waren einleuchtend und hörten sich ehrlich an. Sei es drum, den Ketzer bekommen wir noch. Du bist entlastet.“

Valentin weiß nicht, ob er erleichtert sein oder weiter mit der Angst leben soll, doch entdeckt zu werden. Er dreht sich zu den noch wartenden Brüdern um und sieht ebenfalls erleichterte Gesichter.

„Kommt, Brüder, gehen wir in den Saal, dort wartet ein Bier auf uns!“, ruft Abt Thomas seine Brüder zurück ins Kloster.

Valentin geht mit Anselm als Letzter in den Saal. „Danke für deine schnelle Hilfe“, sagt Valentin.

Der schaut Valentin an und meint: „Ich war gestern bei den Männern des Bischofs im Garten. Augustinus machte gerade einen Spaziergang im Klostergarten und er sprach mich an, was das für ein steinernes Buch sei, dort hinten zwischen den Bäumen. Ich habe ihm gesagt, das sei die Bibel, von einem Steinmetz hergestellt. Valentin, es wird Zeit, dass du mir oder uns sagst, was Giordano Bruno und du in das Buch geschrieben habt.“

„Du hast recht, du und der Abt werdet es erfahren. Ich muss nur das Buch zurückverwandeln.“

Am Abend geht Valentin in den Garten. Dort streicht er mehrmals über den Buchrücken und spricht das geheime Wort. Nichts passiert. Verärgert drückt er mit der linken Hand vom Buchrücken aus auf die Vorder- und Rückseite und spricht erneut laut das Wort. Plötzlich verspürt er eine Veränderung am Buch. Da liegt es wieder als Buch vor ihm im Gras. Erfreut hebt er es auf und geht ins Kloster. Er klopft an die Kammertür von Anselm. Nach dem Herein sitzen beide auf dem Strohlager.

„Anselm, du hast recht, dir verrate ich das Geheimnis des Buches. Schwöre mir, dass du es nie einem erzählst. Du bist der Dritte, der in das Buch schreiben kann. Giordano und ich haben unsere Geschichte und Zauberformeln dort verewigt. Du schreibst deine Geschichte, Geschehnisse vom Kloster oder was auch immer in das Buch. Aber du musst wissen, wenn das Buch nicht ab und an in Stein verwandelt wird, verwandelt es sich selber, und zwar für immer. Gehe ehrlich und selbstbewusst mit dem Buch um. Jetzt verrate ich dir die Zauberformel: Streiche für die Steinverwandlung über den Buchrücken und sage das Wort Bruno. Bei der Rückverwandlung drücke deine Finger auf die Vorder- und Rückseite des Buches vom Buchrücken aus und sage das Wort Bruno. Schwöre mir nun, dass du sorgsam damit umgehst, und suche einen würdigen Nachfolger, so, wie ich dich gefunden habe. Morgen werde ich das Kloster verlassen und nach Deutschland gehen. Ich schließe mich dem Glauben Martin Luthers an."

Anselm, ergriffen von den Worten Valentins, der wieder Xenius werden möchte, verspricht ihm, alles zu tun, um das Geheimnis nicht zu verraten und dafür zu sorgen, dass die Idee von Giordano Bruno immer einen guten Nachfolger findet.

Schattenwesen

Dunkle Wolken ziehen am Himmel vorbei, als Markus von der Schule nach Hause geht. Seine Gedanken sind bei Peter, einem alten Ziegenhirten. Mit ihm ist Markus gerne zusammen. Sie sind sogar oft miteinander in den Bergen. Er schaut zum Himmel und denkt: Diese Wolken sehen aus wie Schatten. Manchmal zeigen sie auch merkwürdige Gebilde, die aussehen wie Riesen oder wie Berge, die nur kurz da sind und dann doch wieder plötzlich etwas anderes darstellen.

Ein Blitz zuckt vom Himmel und kurz darauf donnert es laut. Ein Gewitter! Gut, dass ich bald zu Hause bin.“

Als es anfängt zu regnen, schließt Markus die Haustür auf und geht sofort in die Küche. Seine Mutter ist noch nicht da. Sie arbeitet im nahe gelegenen Lebensmittelgeschäft an der Kasse. Markus wärmt das Mittagessen auf dem Herd auf, das seine Mutter ihm in einer Dose hingestellt hat. Nach dem Essen geht er in sein Zimmer und nimmt ein Buch aus seiner Schultasche, um etwas für den Unterricht zu lernen. Da klingelt das Handy. Peter ist dran und fragt, ob er Lust hat, am Wochenende noch mal mit in die Berge zu gehen. Natürlich sagt Markus freudig zu, aber er muss zuerst seine Mutter um Erlaubnis fragen, wenn sie nach Hause kommt.

Es ist Freitagnachmittag. Zusammen mit Peter sitzt Markus in einem klapprigen Oldtimer. Sie sind auf dem Weg in die Berge zur Anna-Alm. Dort grasen die Ziegen, die Peter versorgen und melken muss. Oben angekommen, richten sie sich zuerst wohnlich ein, dann gehen sie zusammen noch ein Stück höher den Berghang hinauf, wo die Ziegen grasen. Peter schaut intensiv auf die noch höher liegenden Berge.

„Was suchst du?“, fragt Markus.

„Vor einiger Zeit sagte mir jemand, dass es in den Bergen Geister gibt, denn sonderbare und unheimliche Schatten sind ab und zu von Bergwanderern hier oben gesehen worden. Eigentlich kann das gar nicht sein. Aber nun ja, manche Leute glauben an solche Dinge“, antwortet Peter.

„Denkst du auch, dass es in den Bergen Geister gibt? Glaubst du etwa daran?“, meint Markus aufgeregt.

„Nun“, erwidert Peter, „ich selbst habe so was noch nie gesehen. Und Geister? Ja, davon haben auch meine Vorfahren schon gesprochen, aber gesehen habe ich diese Geister noch nie. Komm, lass uns zurückgehen und zu Abend essen. Danach schauen wir uns von der Hütte aus den wundervollen Sonnenuntergang an.“

Am Samstag, es ist gerade mal sieben Uhr, weckt Peter Markus. Peter hat schon Brot, Käse, Wurst und Milch eingepackt, denn die beiden wollen heute bei den Ziegen frühstücken. Markus nimmt aus dem Kühlschrank eine Flasche Zitronensaft mit und los geht es in die etwas höher gelegene Wiese zu den Ziegen. Während Peter die Ziegen melkt, schaut sich Markus die noch höher gelegene Gegend an. Plötzlich sieht er dunkle Wolken am Horizont aufsteigen, aus denen sich kleine Wolkengebilde lösen und rasch auf sie zu fliegen. Mit großer Verwunderung sieht sich Markus das Schauspiel an. Die Wolkengebilde sind auch schon sehr nahe über Peters Kopf.

„Peter, pass auf!“, ruft Markus erschrocken und als eine Wolke knapp über ihm schwebt, sieht er eine hässliche Fratze aus dieser Wolke hervorschauen. Peter schaut sich das Ganze aus der Entfernung an, bis er bemerkt, dass eines dieser Wolkengebilde auch auf ihn zukommt. Er kann im letzten Moment zur nahe gelegenen Schutzhütte laufen. Wie aus dem Nichts prasselt jetzt starker Regen nieder.

„Was war das denn?“, ruft Markus Peter zu und läuft ihm, schon ziemlich durchnässt, entgegen, um sich auch in der Hütte unterzustellen.

„Ich habe ein komisches Gefühl“, gibt Peter zur Antwort. „Es kommt mir so vor, als ob das eben die Geister waren, von denen im Tal gesprochen wird.“

Markus schaut Peter irritiert an und stottert: „Ich habe eine Fratze aus den Wolken schauen sehen. Es sah zumindest so aus wie eine Fratze. Vielleicht gibt es doch Geister hier oben?“

„Ja“, antwortet Peter, „jetzt, wo ich das hier selbst gesehen und erlebt habe, glaube ich es auch. Wir sollten unbedingt noch höher steigen und zwar dorthin, wo die Schattenwesen herkamen.“

Markus schaut Peter entgeistert an: „Du willst dorthin? Du bist aber mutig, Peter!“

„Ob sie gefährlich sind, wird sich zeigen. Daran glaube ich jetzt noch nicht. Kommst du mit mir nach oben, um es herauszufinden?“, fragt Peter.

Als der Wolkenbruch vorüber ist, melkt Peter die restlichen Ziegen, verschließt die Kannen und verstaut sie in der Schutzhütte. Markus rubbelt sich mit einem Handtuch die Haare trocken, nimmt sich dann schweigend seine Flasche Zitronensaft und macht sich mit Peter auf den Weg. „Ich lasse dich doch nicht alleine gehen“, sagt er, „aber ich habe ein wenig Angst.“

Die Angst begleitet Markus und seine Beine zittern beim Anstieg. Sie kommen an die Grenze zum Hochgebirge. Ab hier wird es gefährlich. Beide schauen zur noch höheren Gebirgskette hinauf. Da sieht Markus Wolken aus einer Höhle nach draußen fliegen. „Da! Da oben aus der Höhle kommen Wolken raus!“, schreit Markus und zeigt in diese Richtung. Tatsächlich sehen beide, wie mehrere Wolken aus der Höhle schießen. Bei einigen sieht es so aus, als ob sie hässliche Fratzen haben. Markus und

Peter beobachten, dass sich die Wolken wie Pfannkuchen übereinanderstapeln und wilde Tänze am Himmel veranstalten.

„Komm, wir gehen noch etwas höher! Ich möchte wissen, was das ist“, sagt Peter und schaut dabei Markus an.

„Sie haben uns eben bei der Hütte angegriffen“, gibt Markus zu bedenken und zeigt aufgeregt nach oben, denn eine Wolkenformation kommt rasch auf sie zugeflogen. Beide erkennen einen Regenschauer, den diese Wolken hinter sich herziehen. Kurz bevor die Schattenwesen sie erreichen, bekommt Markus einen trockenen Hals vor Aufregung und Angst. Er öffnet die Trinkflasche mit dem Zitronensaft und trinkt einen Schluck. In diesem Augenblick geschehen zwei Dinge auf einmal: Einen Moment lang ist Markus abgelenkt und verschluckt sich an dem Zitronensaft, sodass er husten muss und die Flasche nicht mehr verschließen kann. Sie fällt ihm aus der Hand und etwas Saft fließt ins feuchte Gras. Der Regenschauer hat die beiden zwischenzeitlich erreicht. Markus und Peter werden nass bis auf die Haut. Nach dem Hustenanfall hebt Markus seine Flasche auf, um sie zu verschließen. „Peter, schau mal hier in die Flasche!“, sagt er verwundert. Beide schauen sich den Inhalt der mittlerweile verschlossenen Flasche an. Im Zitronensaft tummeln sich fünf Schattenwesen. Man sieht deutlich, dass sich fünf Fratzen in der Flasche befinden.

Sie scheinen den Zitronensaft zu trinken, der ihnen wohl sehr gut schmeckt. „Die haben wir!“, jubelt Markus. Er ist ganz aufgeregt, aber nicht mehr ängstlich. „Die nehmen wir mit“, sagt er. Der Regen hat aufgehört und die beiden gehen wieder bergabwärts zur Almhütte. Immer wieder schaut Markus fasziniert auf die Flasche. Die Schattenwesen bewegen sich kaum noch. An der Hütte angekommen, ziehen sich Markus und Peter trockene Sachen an und schauen wieder auf die Flasche. Jetzt bewegt sich keines der fünf Schattenwesen mehr. Also öffnet Markus die Flasche und schüttet den Rest Zitronensaft in einen offenen Behälter. Die Schattenwesen verflüssigen sich und sind nach kurzer Zeit im Zitronensaft nicht mehr zu sehen. „Peter!“, ruft Markus aufgeregt. „Schau mal! Die Schattenwesen können den Zitronensaft nicht vertragen. Mit Zitronensaft können wir sie anscheinend einfangen. Komm schnell, wir machen noch mehr Zitronensaft, füllen ihn ab und gehen wieder zur Höhle hinauf.“

Markus findet in der Küche mehrere Zitronen im Kühlschrank. Er presst sie aus und schüttet den Saft in ein hohes Glas. Peter holt von draußen Brunnenwasser und verrührt beides zu einem Saftgetränk.

Mit einer großen gefüllten Trinkflasche gehen sie am Nachmittag wieder auf den Berg. Peter nimmt eine leere Flasche mit. Vorsichtig nähern sie sich der Höhle, wo sie die Wolkenfratzen vermuten. Am

Höhleneingang öffnet Markus seine Flasche und schüttet die Hälfte in Peters leere Flasche. Markus legt die Flasche, die geöffnet bleibt, vor dem Höhleneingang ab. Er wartet gespannt darauf, was passieren wird. Es dauert gerade mal zwei Minuten, bis sich einige Wolkenfratzen langsam der Flaschenöffnung nähern und sich davor versammeln. Dann schießen sie pfeilschnell in die Flasche hinein. Die Wolken machen das Innere der Flasche so undurchsichtig, dass vom Zitronensaft nichts mehr zu erkennen ist. Markus verschließt hastig die Flasche und stellt sie im Gras ab. Peter will im gleichen Augenblick seine Zitronenflasche öffnen, doch Markus sagt: „Nein, noch nicht. Lass uns zuerst schauen, was passiert!"

Sie lassen die Flasche mit den Wolkengeistern darin vor der Höhle liegen und gehen vorsichtig ins Höhleninnere hinein. Es ist nichts Besonderes zu sehen. Doch, da! Zwei Wolkenfratzen schießen aus einer Ecke auf die beiden zu und ein heftiger Regenschauer ergießt sich vor ihnen. Peter geht in Deckung, öffnet schnell seine Zitronenflasche und stellt sie auf den Boden. Dann sieht er, wie die beiden Wolken zur Flasche schweben, kurz davor verweilen und dann in die Flasche huschen. Sofort schließt Markus die Flasche und lässt sie in seiner Jackentasche verschwinden. Dann kontrollieren Peter und Markus die Höhle ausgiebig, bis sie sicher sind, dass sich keine Wolken mehr darin befinden.

Peter schaut Markus an und sagt: „Wir haben jetzt bestimmt alle Geister eingefangen. Sie sind sicher nicht gefährlich gewesen, aber wir haben dem Spuk hier am Berg ein Ende gemacht.“

Beim Verlassen der Höhle nimmt Markus die Flasche in die Hand, deren Inhalt nicht mehr wie Zitronensaft aussieht, sondern eher wie ein milchiger Brei. Er legt sie zu der anderen Trinkflasche vor der Höhle ins Gras. „Komm, Markus! Einige Ziegen müssen noch gemolken werden“, lacht Peter.

Hering Herbert

Herbert, ein Hering, wird in einem Zoogeschäft geboren. Lustig und vergnügt schwimmt er mit seinen Eltern und Geschwistern in einem großen Aquarium herum. Eines Tages kommt ein Mann mit einem Netz und fischt die kleinen Heringe aus dem Aquarium heraus. Er schaut sich jeden Fisch genau an. Auch Herbert wird eingehend begutachtet, aber dabei schüttelt der Mann besorgt den Kopf. Dann greift er sich Herbert blitzschnell aus dem Netz heraus und lässt ihn in ein kleines Wasserbecken gleiten. Das Becken stellt er in ein Schaufenster des Ladens. Die anderen kleinen Fische lässt er vorsichtig wieder im großen Aquarium bei ihren Eltern frei.

Vier lange Wochen sind seit der Begutachtung vergangen. Viele seiner Brüder und Schwestern sind schon verkauft. Herbert ist sehr traurig, denn er vermisst seine Geschwister und seine Eltern. Er fühlt sich einsam und verlassen.
Auf einmal wird es lebendig und hektisch um ihn herum. Herbert schaut gespannt und neugierig in die Richtung, aus der die Unruhe kommt. Da bemerkt er, dass neben seinem Wasserbecken ein neues, größeres Becken aufgestellt wird. Darin schwimmt ein Fisch, der dreimal so groß ist wie er selbst. Der Fisch ist bunt und hat blaue und gelbe Streifen an seinem Körper. Der ist aber schön!,

denkt Herbert. Einen kurzen Moment später zappelt Herbert in einem Fangnetz. Er wird aus dem Aquarium genommen und im Becken nebenan wieder freigelassen. Herbert versteckt sich sofort in einem Tonbehälter, der auf dem Boden liegt. Er schaut ängstlich aus dem Gefäß heraus. Dann verdunkelt ein Schatten den Eingang und der bunte Fisch sieht ihm mit großen Augen entgegen. Herbert zieht sich vor Schreck weiter zurück.

„Hallo?", hört er den Fisch sprechen. „Du brauchst keine Angst vor mir zu haben, denn ich tue dir nichts. Du bist ja ein Winzling! Was bist du für ein Fisch?", fragt er weiter.

„Ich bin ein Hering. Meine Eltern haben mich Herbert genannt", flüstert er jetzt ganz leise.

„Das ist aber ein lustiger Name", meint der bunte Fisch, „und komm endlich aus diesem Topf hier raus! Ich tue dir wirklich nichts Böses."

Zögerlich schwimmt Herbert aus seinem Versteck heraus und schaut sich den bunt schillernden Fisch genauer an. „Du siehst so schön aus. Woher kommst du?", fragt er ihn.

„Ich bin in der Karibik geboren. Dort gibt es große Korallenriffe, wo ich mein Revier hatte. Ich bin ein Doktorfisch. Meine Familie habe ich zurücklassen müssen, als man mich gefangen hat. Darüber bin ich sehr traurig. Hoffentlich komme ich bald aus diesem Glaskasten hier heraus. Hier ist es gar nicht schön", entgegnet der Fisch. Lange schaut der

Doktorfisch Herbert an. „Du siehst aber komisch aus. Warum ist ein Auge von dir größer als das andere?“

Herbert schaut verwundert drein. „Wie, ich sehe komisch aus? Was heißt das?“, fragt Herbert erstaunt.

„Pass auf, ich sage es dir! Dein linkes Auge ist größer als dein rechtes Auge. Ich zeige dir jetzt etwas. Ich schwimme auf deinen Rücken, halte mit meiner Flosse dein rechtes Auge zu und dann sagst du mir, was du siehst.“ Der Doktorfisch schwimmt langsam nach oben und senkt sich vorsichtig auf den Rücken von Herbert nieder. Mit einer Flosse hält er das rechte Auge von Herbert zu. Herbert ist verwundert. Obwohl er geradeaus schaut, kann er die ganze linke Seite vollständig überblicken.

Das ist aber komisch, denkt er, als der Doktorfisch ihm das linke Auge zuhält. Mit dem rechten Auge sieht Herbert nämlich ganz normal nur einen kleinen Teil der Umgebung.

Der Doktorfisch schwimmt jetzt wieder neben Herbert her. „Nun, was und wie hast du gesehen?“, spricht er ihn an.

Herbert antwortet: „Das ist komisch. Als du mein rechtes Auge zugehalten hast, habe ich die ganze linke Seite im Blick gehabt, obwohl ich geradeaus geschaut habe.“

Der Doktorfisch lächelt und sagt: „Du bist ein besonderer Hering mit einem Handicap. Ich habe früher schon einmal so einen Fisch mit dieser besonderen Fähigkeit gesehen. Dieser Fisch schwamm immer auf der rechten Seite des Fischschwarms und konnte bei Gefahr seine Freunde rechtzeitig warnen. Dein Handicap kann also sehr nützlich sein, wenn du mit einer Gruppe zusammen schwimmst. Schade ist nur, dass du hier in diesem Wasserbecken eingesperrt bist. Mich wundert, dass du noch nicht gekauft wurdest. Das liegt sicherlich daran, dass die Menschen denken, du seiest krank."

Zwei Tage später steht ein Junge vor dem Aquarium, in dem Herbert und der Doktorfisch in aller Ruhe hin und her schwimmen. Der Junge kommt so nah an die Fensterscheibe, dass seine Nase die Scheibe berührt. Herbert kann erkennen, dass der Junge einen roten Fleck unter seinem linken Auge hat.

„Na los!", hört Herbert den Doktorfisch sprechen. „Schwimm in die Nähe dieses Jungen! Vielleicht nimmt er dich mit."

Nun schwimmt Herbert auf das Kindergesicht zu und zeigt sich von allen Seiten. Er dreht sich im Kreis, um auf sich aufmerksam zu machen. Der Junge beobachtet Herbert eine Zeit lang und ihm fällt auf, dass der Hering zwei unterschiedliche Augen hat.

„Genau den will ich haben!“, ruft der Junge freudig, als der Verkäufer neben ihm erscheint. Immer wieder zeigt der Junge auf Herbert. Dann wird Herbert mit einem Netz aus dem Aquarium gefischt. Rechtzeitig kann er sich noch vom Doktorfisch verabschieden und sich auch für die Gespräche mit ihm bedanken.

Herbert wird von dem Jungen in einem großen Plastiktopf, der mit Wasser gefüllt ist, aus dem Geschäft getragen. Es wird ihm ein wenig schwindelig, denn das Wasser schaukelt mächtig in dem Topf. Der Junge geht zielstrebig zu einem großen Fluss. Es ist der Rhein, der durch Deutschland fließt.

Ach, du meine Güte!, denkt Herbert. Der Junge will mich sicher freilassen. Das wäre schön. Am Rheinufer angekommen, öffnet der Junge tatsächlich den Deckel des Topfes und lässt das Wasser samt Herbert in den Rhein fließen. Eine Zeit lang fühlt sich Herbert unsicher, denn so eine Weite und so eine Freiheit kennt er nicht. Langsam schwimmt Herbert wieder zurück zu dem Jungen und schaut in seine Augen. Diese strahlen ihn an. Darüber freut sich Herbert. Er möchte das Gesicht des Jungen, der ihn freigelassen hat, in Erinnerung behalten. Herbert schwimmt noch ein paar Mal vor dem Jungen hin und her und verabschiedet sich in Gedanken von ihm. Warum der Junge ihn freigelassen hat, weiß Herbert nicht. Er denkt nur: Endlich bin ich frei!

Herbert erkundet die neue Umgebung. Der Doktorfisch hat Herbert erzählt, worauf er achten soll, wenn er einmal in Freiheit ist. „Es gibt Fische, egal, ob im Meer oder in einem Fluss, die als Raubfische im Wasser schwimmen“, hat er gesagt. Gerade schwimmt so ein Raubfisch auf Herbert zu. Es ist ein Wels. Herbert versteckt sich hinter einem großen Stein. Der Doktorfisch hat auch von Gefahren gesprochen, die an Land lauern, vor denen er sich in Acht nehmen soll. Da gibt es Menschen, die mit einer Angel oder mit einem Netz Fische einfangen und mitnehmen! Damit will Herbert lieber nichts zu tun haben.

Kurze Zeit später ist Herbert von mehr als hundert Heringen umringt. Ängstlich gibt er sich zu erkennen. Der Anführer, ein großer Hering, spricht ihn an. „Wer bist du und wo kommst du her? Wir kennen dich nicht.“

„Ich heiße Herbert und ich bin ein Hering. Ich komme nicht von hier. Was seid ihr denn für Fische?“, fragt Herbert leise.

Der Anführer lacht und sagt: „Du bist aber dumm. Erkennst du nicht, was wir sind? Wir sind Heringe, genau wie du. Wo kommst du denn her?“

„Ich bin in einem Aquarium geboren und kenne mich hier in einem so großen Fluss nicht aus“, antwortet Herbert.

„Du kannst dich unserem Schwarm anschließen und mit uns schwimmen, wenn du möchtest. Aber was ist denn mit deinem linken Auge passiert?“, fragt der Anführer.

Herbert lächelt ihn an. „Mir hat ein weiser Doktorfisch gesagt, dass ich mit dem linken Auge besonders gut sehen kann, wenn Gefahr von links droht. Lasst es mich versuchen, dann werde ich auf der linken Seite aufpassen und euch vor Raubfischen warnen, wenn Gefahr droht.“

Der Anführer schaut Herbert lange an. Er überlegt. „Also gut, wenn du das wirklich kannst, ist das ein wichtiger Vorteil für den Schwarm, denn oft werden wir angegriffen. Dann muss der gesamte Schwarm als Einheit dagegen ankämpfen. Jetzt zeigen wir dir zuerst mal, wie wir uns als Schwarm zusammentun. Du wirst ab jetzt auf der linken Seite schwimmen. Wenn Gefahr droht, musst du sofort in die Mitte schwimmen. So kannst du lernen, wie wir uns einzeln aus einer Notsituation retten können.“

Den ganzen Tag lang schwimmt Herbert mit dem Schwarm einmal gegen die Strömung, dann wieder mit der Strömung des Flusses. Er merkt schnell, dass es weniger anstrengend ist, wenn man mit der Strömung schwimmt als andersherum. Als sie wieder einmal in ihrem großen Revier gegen die Strömung schwimmen, entdeckt Herbert einen Riesenwels auf der linken Seite, der langsam auf sie zu schwimmt. Sofort macht Herbert den Schwarm auf die Gefahr aufmerksam.

Der Anführer schaut Herbert an und sagt: „Gut gemacht, Herbert! Natürlich müssen wir auf diesen Wels aufpassen und Abstand von ihm halten, aber er ist in seinen Bewegungen zu langsam und deshalb keine Gefahr für uns, wenn wir im Schwarm zusammen sind“, bekommt Herbert zu hören.

Etwas später ist es wieder Herbert, der den Heringsschwarm warnt. Ein großer Barsch schwimmt auf der linken Seite genau auf die Heringe zu.

„Achtung Gefahr!“, ruft Herbert und schwimmt schnell zur Mitte. Der gesamte Schwarm ist nun in Aufregung und formiert sich sofort zu einer undurchdringlichen Masse von Heringen. Schnell schwimmen sie in einer Wellenbewegung, hin und her wabernd, flussabwärts. Der Barsch hat keine Chance, sich auch nur einen von ihnen zu fangen.

So lebt Herbert mit dem Heringsschwarm viele Jahre lang friedlich zusammen. Sie sind sogar einmal gemeinsam bis an das große Meer geschwommen. Trotzdem hat Herbert den Heringsschwarm mittlerweile verlassen.

Jetzt ist es Herbst! Alleine und neugierig auf das, was ihn erwartet, ist er wieder an der Stelle angelangt, wo er vor Jahren von dem Jungem in den Rhein gesetzt worden ist. Er hat Hunger. Verträumt summt Herbert ein Lied vor sich hin, das er von den anderen Heringen gelernt hat, als er neben sich etwas Essbares schwimmen sieht. Hm, das wird mir schmecken, denkt er und schnappt danach … und schwupp, hängt Herbert an einem Angelhaken. Mit einem Ruck wird er aus dem Wasser gezogen.

Was ist los? Was habe ich gemacht? Auf Wiedersehen, schöner Fluss, denkt er überrascht. Ein Mann entfernt den Angelhaken aus Herberts Maul und schaut sich den Hering genau an. Er schüttelt dabei den Kopf. Dann lacht er auf einmal laut auf. Bevor er in einem Eimer mit Wasser landet, nutzt Herbert die Gelegenheit, sich das Gesicht des Mannes anzuschauen, und erkennt, dass es der Mensch ist, der ihn vor Jahren im Rhein ausgesetzt und in die Freiheit entlassen hat. Er hat nämlich den roten Fleck unter dem linken Auge gesehen. In seinem Garten lässt der Angler Herbert vorsichtig aus dem Eimer in ein großes Becken mit Wasser gleiten. Es ist ein Seerosenteich. Mutig erkundet Herbert sofort sein neues Zuhause, doch abrupt stockt ihm der Atem, denn vor sich sieht er plötzlich einen großen bunten Fisch. Es ist der Doktorfisch! Neben ihm schwimmt eine nette Heringsdame.

Der Doktorfisch sieht Herbert verwundert an und fragt: „Bist du es, mein Freund, der mit dem großen linken Auge? Du bist älter geworden, aber anscheinend nicht weise genug, denn du hast dich fangen lassen. Ich habe dich doch damals vor dieser Gefahr gewarnt. Erzähl uns, wie es dir ergangen ist! Was hast du alles erlebt? Übriges, das ist Florentine. Ist sie nicht nett?“, plappert der Doktorfisch drauflos.

Herbert strahlt über das ganze Gesicht. „Der Junge, der mich damals im Zoogeschäft gekauft hat, hat mich nicht mit nach Hause genommen, sondern in einem Fluss freigelassen. Ich habe mich einem Heringsschwarm angeschlossen und in diesem Fluss herrliche Jahre erlebt. Mit meinem besonders guten Sehvermögen habe ich den Schwarm oft vor Feinden schützen können. Ich habe wohl ein wenig von den alten Zeiten geträumt, bevor ich vorhin an dem Angelhaken hing. Aber es hat doch seine guten Seiten, denn sonst hätten wir uns nie wiedergesehen."

Der Doktorfisch, Florentine und Herbert sind froh, zusammen zu sein. Florentine freut sich besonders, weil Herbert an ihrer Seite schwimmt und sie merkt, dass Herbert sie mag.

Jeden Tag schaut ein junger Mann mit einem roten Fleck unter dem linken Auge in den Seerosenteich. Wenn Herbert dann nach oben schaut, dann sieht er einen kleinen Jungen mit einem roten Fleck am Auge, der ihn lachend in einen Fluss in die Freiheit entlässt.

Der Stein des Glücks

Clochard Pierre lebt in Frankreich. Sein Zuhause ist die Straße. Sein schwarzes Haar ist struppig und klebt ihm auf der Stirn. Der Bart braucht unbedingt eine Rasur. Obwohl es warm ist, hat er einen langen, dunklen Mantel an, an dem zwei Knöpfe fehlen. Seine Schuhe haben Löcher in der Sohle. Pierre sitzt unter einer Brücke und schaut sich die Menschen an, die an ihm vorbeigehen. Manche schauen ihn mitleidig an, denn er ist schmutzig und er riecht fürchterlich.

Ich muss mich unbedingt einmal duschen und mir etwas Neues zum Anziehen besorgen. Ich werde die Sozialstation besuchen, die helfen mir. Nach diesem Gedanken steht er auf und läuft Richtung Innenstadt. Er weiß, wo sich die Sozialstation befindet. Da löst sich ein Schnürsenkel seines Schuhs und er bückt sich, um ihn neu zu binden. Plötzlich sieht er am Bordstein einen hellen Stein mit einem Loch in der Mitte. Der ist aber schön, denkt er und steckt ihn in seine Manteltasche.

Vor der Tür der Sozialstation greift er in die Tasche und umfasst den Stein. Dieser ist warm und fühlt sich gut an.

Na, dann werde ich klingeln und auch sicher neue Anziehsachen bekommen.

Pierre klingelt und eine Frau öffnet die Tür. Sie sieht streng aus und in ihrem Gesicht erkennt er Skepsis.

„Komm rein! Was möchtest du?“

„Ich müsste mich einmal duschen und mich rasieren. Wenn es möglich ist, brauche ich auch neue Anziehsachen.“

Ehe die Frau antworten kann, öffnet sich eine Tür und ein Mann kommt hinzu. Er spricht die Frau an: „Geben Sie ihm Rasierzeug, Seife und Duschgel und lassen Sie ihn warm duschen. Während er duscht, suchen Sie passende Anziehsachen für ihn.“ Dabei schaut er Pierre an und fragt: „Welche Kleidergröße haben Sie?“

„Größe 50 oder L“, antwortet Pierre. Eine Stunde später steht Pierre mit einem gefüllten Rucksack mit Ersatzwäsche und Anziehsachen auf der Straße. Das Angebot der Sozialstation, am Abend wiederzukommen, um die Nacht in einem Bett zu verbringen, verwundert ihn sehr. So etwas hat er in seinem Leben auf der Straße noch nie erlebt. Da fällt ihm ein, dass er seinen Mantel auch bei der Caritas gelassen hat. Der Stein von der Straße ist in der Manteltasche geblieben. Ein Gedanke ist in ihm: Der Stein mit dem Loch in der Mitte – war er es, der mir das alles ermöglicht hat? Ich muss fort von der Straße! Ich gehe in meinen alten Beruf zurück. Ich habe die Straße satt.

Beim nächsten Mülleimer findet er eine Tageszeitung. Er nimmt sie und blättert bis zu den Stellenanzeigen. Dort findet er in der Rubrik Sicherheit eine Anzeige, die ihn interessiert: „Security-Mitarbeiter gesucht."

Pierre bekommt die Stelle. Was hat er für ein Glück!

Der Stein wird von der Frau gefunden, die ihm die Tür geöffnet hat. Sie nimmt ihn mit zu sich nach Hause. Sie schaut am Abend Fernsehen und möchte unbedingt die Lottozahlen sehen, denn sie hat getippt. In Gedanken und ohne hinzuschauen, greift sie zu einem Glas Wein, hat aber dann den Stein in der Hand. Dieser fühlt sich warm an. Sie denkt: Der Stein von dem Clochard fühlt sich seltsam an. Vielleicht es ein Glücksstein? Als er heute bei uns reinkam, sah er schrecklich aus. Beim Hinausgehen sah er allerdings schick aus, richtig vornehm.

Im Lotto hat die Frau nicht viel gewonnen, es waren nur vier richtige. Einige Tage später auf dem Weg zur Arbeit sieht sie einen Mann, der dem Clochard ähnlich sieht. Sie winkt ihm zu, doch der Mann achtet nicht auf sie. Wo er wohl hingeht?, denkt die Frau. Eine innere Stimme rät ihr, ihm zu folgen. Sie sieht, dass er die Tür einer Security-Firma öffnet und dort hineingeht. Kurze Zeit später sieht sie ihn mit zwei Kollegen in ein Auto steigen. Sie gibt sich zu erkennen und winkt ihm zu. Pierre unterhält sich kurz mit seinen Kollegen und kommt auf die Frau zu.

„Guten Tag Pierre, ich wollte Ihnen etwas bringen, das Ihnen gehört. Hier, diesen schönen Glücksstein haben Sie vergessen."

Jetzt erkennt Pierre die Frau und lächelnd nimmt er den Stein entgegen. „Leider habe ich keine Zeit, ich muss weiter. Aber hier haben Sie meine Handynummer. Rufen Sie mich an, dann lade ich Sie zum Essen ein!"

Eine Woche später sitzen beide in einem Restaurant und sprechen über seine neue Arbeit. Pierre erzählt ihr, dass er nicht mehr auf der Straße leben wollte und dass ihm der Stein mit dem Loch in der Mitte neue Gedanken gegeben hat. Die Frau schaut Pierre lange ins Gesicht.

„Auch mir hat der Stein Glück gebracht, er hat mich zu Ihnen geführt. Ich würde mich gerne noch einmal mit Ihnen treffen, denn ich finde Sie sympathisch. Darf ich Ihnen das so direkt sagen?"

Pierre schaut die Frau an und lächelt. Er nimmt ihre Hände in seine und antwortet: „Sie haben mehr Mut als ich. Sie haben es ausgesprochen. Auch ich finde Sie sympathisch und hatte keinen Mut, es auszusprechen. Ich möchte Sie auch gern wiedersehen."

So hat ein Glücksstein Glück gebracht, allerdings nicht in materieller Sicht: Er hat zwei Menschen zusammengeführt, die zuerst Sympathie füreinander empfunden haben, die später in Liebe ausgereift ist.

Im Ameisenbau

Julius sitzt im Garten auf der Wiese und beobachtet einige Ameisen, die aus dem Boden kommen und schnell in irgendeine Richtung laufen, um dort etwas zu holen oder zu erkunden. Es ist später Nachmittag, die Sonne spendet noch genügend Wärme. Die Bäume stehen satt im Grün und es hängen Früchte an den Ästen. Doch Julius sieht das alles nicht. Er beobachtet gespannt die Ameisen. Es scheint, dass sie nur hin und her laufen. Aber es scheint nur so. Seine Mutter ruft ihn, aber Julius hört sie nicht. Wiederholt ruft seine Mutter. Sie ist verärgert, kommt zu ihm und zieht Julius am Arm nach oben, damit er mit ihr gehen soll. Wütend tritt Julius mit einem Fuß auf die Erde, um seine Wut gegen die Ameisen zu richten. Dabei werden einige der Ameisen getötet.

Julius ist zwölf Jahre alt und wohnt mit seiner Mutter in einem Behelfsheim, das die Stadt am Stadtrand gebaut hat, um den ärmeren Menschen eine Unterkunft zu geben. Glücklich ist Julius nicht, denn er hat keine Freunde, mit denen er spielen kann.

„Geh ins Bad und wasche dich!“, ruft ihm seine Mutter zu, bevor sie in die Küche verschwindet.

Also geht Julius wütend ins Bad und haut mit seiner Haarbürste gegen den Wandspiegel, der einen Riss bekommt. Ängstlich schaut Julius zu Tür und hofft, dass seine Mutter den Schlag gegen den Spiegel nicht gehört hat. Julius beruhigt sich etwas und schaut in den Spiegel. Dort sieht er sich stehen, einen blonden Jungen mit leichten Sommersprossen über der Nase. Die blauen Augen schauen jetzt eher ängstlich als wütend. Julius wäscht seine Hände und das Gesicht und trocknet sich ab, als er die Mutter rufen hört. In der Küche offenbart er seiner Mutter, dass der Spiegel einen Riss hat.

„Was ist passiert?“, fragt sie.

„Ich weiß es nicht, der Spiegel war schon kaputt, als ich ins Bad kam“, entgegnet Julius seiner Mutter.

Diese schaut skeptisch und schüttelt den Kopf. Sie sieht nicht den erleichterten Blick von Julius, der sich freut, dass er mit einer Lüge und ohne Schelte davongekommen ist.

Am anderen Tag, schon vor dem Unterricht, beginnt Julius einen Streit mit einem jüngeren Schüler seiner Klasse. Er provoziert den Jungen so lange, bis dieser ihn angreift. Darauf hat Julius nur gewartet. Während die beiden sich am Boden wälzen, kommt ein Lehrer und trennt die Streithähne. Sofort beginnt Julius, sich zu rechtfertigen. Der Lehrer hört alle Beteiligten an und verordnet eine Strafe gegen Julius. Der fühlt sich ungerecht bestraft und wettert nun auch gegen den Lehrer. Der Lehrer lässt Julius zwar aussprechen, schickt ihn dann aber nach

Hause. „Ich möchte morgen mit deiner Mutter sprechen, dein Verhalten hier in der Schule ist nicht tragbar.“

„Das ist mir egal, immer bin ich der Schuldige, das finde ich nicht fair!“, entgegnet Julius. Dabei dreht er sich um und verlässt den Schulhof.

Zu Hause bittet ihn seine Mutter, ihr bei der Küchenarbeit zu helfen. Doch Julius überhört die Bitte und geht auf die Straße. Dort trifft er auf Karl. Den mag Julius überhaupt nicht. Er schubst ihn einfach vom Roller, den Karl mit sich führt. Julius schnappt sich den Roller und fährt damit weiter. Das Weinen des Jungen hört er nicht mehr. Ein Stück weiter wirft er den Roller einfach an die Seite und geht rechts in den Wald. Dort entdeckt er einen großen Ameisenhügel, worauf Tausende von Ameisen herumlaufen. Fasziniert schaut er den Ameisen zu, bis er von einer mutigen Ameise ins Bein gebissen wird. Sofort schlägt er auf die Ameise ein. Der Tod der Ameise bestürzt die noch lebenden Ameisen und sie suchen sofort nach dem Übeltäter. In diesem Fall ist es Julius. Eine Armee sortiert sich vor Julius und schickt eine Ameise zu dem Jungen, die beauftragt ist, ihm Säure in sein Bein zu spritzen. Als Julius auf den Übeltäter einschlagen will, ist dieser schon auf dem Rückzug. Nach geraumer Zeit wird das Bein rot. Dann überkommt ihn eine sonderbare Müdigkeit und er schläft ein. Kurze Zeit später wird Julius wach und es ist dunkel um ihn herum. Er schaut in eine Art Kammer und sieht dort Pilze stehen.

Wo bin ich hier, was ist mit mir passiert?, denkt er, als er plötzlich angesprochen wird.

„Na, Mensch, was denkst du, wo du bist?“

Plötzlich verspürt Julius Angst und er denkt: Eine Ameise, die mit mir spricht? Träume ich?

Da hört er die Ameise wieder: „Ich kann mir vorstellen, was du denkst, und du hast Angst.“

Julius überlegt. Er verspürt wirklich Angst in seiner Bauchgegend und fragt: „Wieso kannst du sprechen?“

„Das werde ich dir schon irgendwann erzählen. Jetzt möchte ich wissen, warum du eine Freundin getötet hast. Sie hat dich nur gebissen, weil du eine Gefahr für uns darstellst. Wir können nicht wissen, ob du uns schlecht oder gut gesonnen bist.“

Julius teilt der Ameise seine Gedanken mit: „Deine Freundin hat mich gebissen. Es hat wehgetan. Da habe ich mich nur gewehrt. Außerdem hatte ich nichts Böses im Kopf, ich habe mich nur für euch interessiert. Ihr lauft immer hin und her, bringt manchmal etwas von draußen mit. Das sieht lustig aus. Wo bin ich hier und wie kommt es, dass du meine Sprache sprichst?“

„Alle Tiere können sprechen, also auch wir. Nur, ihr Menschen könnt es nicht verstehen, da ihr euch nicht für uns interessiert. Es gibt Arbeiterinnen, die für innen zuständig sind. Sie müssen den Bau reinigen und pflegen. Willst du wissen, wo du bist? Du bist in unserem Bau. Ich habe eine schöne Arbeit für dich. Du hast eine Arbeiterin getötet und ihren Platz füllst du jetzt aus. Du bist für die Sauberkeit unseres Baues zuständig. Hier sind Besen, Schaufel und ein Eiskratzer, den wir einmal draußen gefunden haben. Pflege das Werkzeug, gehe sorgsam damit um, wir haben nur das. Also los, fang an! Bis heute Abend muss alles sauber sein."

Dann ist Julius alleine. Er schaut sich den Bau an. Um ihn herum sind fleißige Arbeiterinnen. Sie müssen den Bau reinigen und pflegen. So, wie Julius es machen soll. Im Nachbarbau sieht er Arbeiterinnen, auch Brutpflegerinnen genannt, die sich nur um die Königin und um die Entwicklung der Eier und Larven kümmern. Julius geht zurück in den Raum, wo er hergekommen ist, und beginnt mit der Reinigung. Plötzlich stockt er mit seiner Arbeit. „Ich bin in einem Ameisenbau und die Ameisen hier kommen mir viel größer vor als draußen. Bin ich vielleicht geschrumpft?" Große Angst überkommt ihn. Er setzt sich auf den Boden und fängt an zu weinen. Als Julius in das Bein gestochen wird, will er aufbrausen und ballt seine Hand zur Faust. Da erkennt er die Ameise wieder, mit der er gesprochen hat.

„Du weinst. Warum? Wir, die Ameisen, mussten auch weinen. Denn wir haben eben eine Freundin begraben, die du getötet hast. Was hast du also?"

Julius schaut böse auf die sprechende Ameise und schreit: „Was habt ihr mit mir gemacht! Bin ich geschrumpft worden?“

„Ja, du bist geschrumpft. Wir Ameisen kennen einen besonderen Zauber, den wir manchmal anwenden. Du hast ihn nun erfahren. Aber keine Bange, du wirst wieder deine normale Größe erlangen. Aber Strafe muss sein! Vielleicht kannst du so unser Volk kennenlernen und wir erhalten auf diese Weise deine Wertschätzung.“

Als Julius das hört, beruhigt er sich. Aber dann interessiert er sich doch für den Arbeitsablauf der Ameisen. Er sieht Arbeiterinnen, die im Außendienst arbeiten, für Nahrung sorgen müssen und die Beute hierher in den Bau schleppen. Dann erfährt Julius, dass es tatsächlich auch Straßenbauer gibt, die sogenannte Ameisenstraßen bauen, um die Nahrung schneller transportieren zu können. Dies alles imponiert Julius und er ist fortan beeindruckt von den Ameisen. Dann ist er traurig darüber, dass er die Ameise, die ihn gestochen hat, getötet hat.

Da kommt eine Ameise zu ihm, berührt ihn am Bein und spricht: „Ich bin die Königin dieses Baues und habe von dir gehört. Ich sehe, dass du über uns nachdenkst. Auch sehe ich deine traurigen Augen. Was ist mit dir?“

„Du bist die Königin und kommst zu mir, um mich zu fragen, wie es mir geht? Danke dafür. Ich bin traurig, weil ich eine deiner Arbeiterinnen getötet habe. Es tut mir leid. Aber ich habe Angst, nicht mehr nach Hause zu kommen. Bitte, lass mich gehen."

„Natürlich kannst gehen, jederzeit. Aber diese Lehre mussten wir dir erteilen. Habe Respekt vor den Menschen, vor den Tieren und natürlich vor deinen Eltern! Übrigens habe ich eben erfahren, dass du sehr streitsüchtig bist. Das hat sich ja auch oben vor unserem Bau gezeigt, als du eine Arbeiterin getötet hast. Nimm die Erfahrung von heute mit und lerne daraus!"

Julius ist so in Gedanken, dass es nicht merkt, dass er plötzlich alleine im Bau sitzt. Dann spürt er einen Stich am Bein und einige Zeit später wird er oben vor dem Ameisenbau wach. Auf dem Weg nach Hause begegnet er Karl und entschuldigt sich für sein Verhalten. Die beiden werden übrigens Freunde.

Helene, das freundliche Seeungeheuer

Geheimnisvoll liegt der See in einem Tal. Rundum gibt es Berge und Hügel mit dicht stehenden Bäumen. Die Sonne dringt kaum durch das Blätterdach. Daher ist es immer dunkel in diesen Wäldern. Den Rehen, den Füchsen, den einsamen Wölfen und den anderen Tieren gefällt das. Sie werden nicht gestört. Rund um die beiden Seen stehen kleine Häuser und Wohnwagen. Die Menschen, die dort wohnen, sind nicht so oft hier, nur wenn sie Ferien haben. Einige bleiben aber dauerhaft in ihrem kleinen Haus. Heute schaut niemand aus den Fenstern der kleinen Häuser, denn es regnet. Doch wenn man jetzt aus dem Fenster schauen würde, könnte man ungewöhnliche Dinge auf dem See sehen: Ein weißer Schwan zieht seine Bahnen. Hin und wieder steckt er seinen langen Hals in das Wasser, um nach Futter zu suchen. Zwei Haubentaucher schwimmen an ihm vorbei, tauchen beide in das Wasser und kommen einige Meter weiter wieder an die Oberfläche.

Da gibt es aber jemanden im See, den die Menschen noch nie gesehen haben. Seit vielen hundert Jahren wohnt ein kleines Seeungeheuer im Wasser. Es ist Helene. Mit leichten Zügen schwimmt Helene unten im Wasser und kommt nur selten an die Oberfläche. Als Helene doch einmal kurz nach oben schwimmt, sieht sie Hugo, den Schwan.

Dem sag ich jetzt mal guten Tag, denkt sie. Es gibt Seerosenteppiche, entweder in der Mitte des Sees oder am Rand. Die gibt es nicht immer. Die Wurzeln dieser Seerosen bleiben dauerhaft im See. Genau dort hat Helene ihr Zuhause. Jetzt schwimmt sie langsam zwischen den Seerosenwurzeln nach oben. Als sie oben bei den Seerosenblättern auftaucht, verändert sich ihre Haut. Helene nimmt die Farben der Seerosen an, grün wie die Blätter und rosa-weiß wie die Blüten. So mitten in den Seerosen kann man Helene dann nicht erkennen.

„Guten Morgen, Hugo!“, ruft sie dem Schwan zu.

Der schaut sich überall um, kann aber niemanden entdecken. „Wer begrüßt mich da?“, ruft er erstaunt.

„Ich bin es, Helene, hier, bei den Seerosen.“

Jetzt schaut Hugo genauer hin. Da sieht er sie endlich. „Guten Morgen, Helene. Du siehst aus wie eine Seerose. Wie machst du das nur, dass du die Farben der Seerosen annehmen kannst?“

Helene schaut Hugo an und sagt: „Du kennst mich schon so lange und du weißt immer noch nicht, dass ich die Farben der Umgebung annehme, wenn ich auftauche. Ich habe dich gesehen und will nur wissen, wie es dir und deiner Frau geht.“

„Uns geht es gut. Jetzt haben wir Ruhe, denn es gibt wenige Leute, die hier am See sind. Nur ein kleiner Junge sitzt jeden Tag hier am Wasser. Wie geht es dir denn?“, fragt Hugo.

„Oh, mir geht es gut. Ich bin ja nicht alleine, so wie der Junge. Ich spiele jeden Tag mit den kleinen und großen Fischen. Manchmal gehe ich sogar nachts mit den Fröschen da drüben in den Wald und besuche den Fuchs und den Hasen und den weißen Hirsch."

Dann taucht Helene wieder ins Wasser, um mit den Fischen zu spielen. Ja, Helene ist ein Seeungeheuer. Sie lebt friedvoll mit den anderen Tieren im See.

Langsam wird es wieder Frühling. Da wird es laut am See. Leider gibt es einsame Kinder, die keine Freunde haben. So ein Junge sitzt alleine am Seeufer und schaut traurig auf den See hinaus. Hugo ist von ihm gefüttert worden und so schaut der Junge dem Schwan hinterher. Hugo steckt seinen langen Hals in das Wasser, als er Helene sieht.

„Da sitzt ein kleiner Junge oben am Wasser. Schau ihn dir mal an!", sagt er.

Helene nickt und schwimmt zwischen den Seerosenwurzeln nach oben. Dort angekommen, nimmt sie wieder die Farben des Seerosenteppichs an: grün, rosa und weiß. Eine Zeitlang beobachtet Helene das Kind, der kleine Steine ins Wasser wirft.

„Hallo Junge, wie heißt du?", ruft Helene.

Einen kurzen Moment erschrickt der Junge, dann springt er auf und schaut in alle Richtungen. Er hört jemanden rufen, kann aber niemanden sehen.

„Hier bin ich, schau zu den Seerosen hin! Ich winke dir zu."

Irritiert schaut der Junge in die Richtung von Helene. Er sieht, dass da etwas winkt.

„Wer oder was bist du denn?", ruft er aufgeregt.

„Ich bin Helene und wie heißt du?", hört er die Stimme sprechen.

„Ich heiße Carlos. Was bist du?"

„Ich bin ein freundliches Seeungeheuer und wohne hier im See. Du brauchst keine Angst vor mir zu haben."

„Ich habe keine Angst, aber ich denke, es gibt keine Seeungeheuer. Oder frisst du Kinder?", fragt der Junge.

Helene muss lachen. Ihr Lachen klingt so schön und klar, dass Carlos auch lachen muss.

„Doch, mich gibt es schon lange und ich zeige mich nur netten und braven Kindern, so, wie du eins bist. Kannst du schwimmen und tauchen?", fragt Helene.

„Ja, warum?"

„Wenn du keine Angst hast, zeige ich dir meine Wohnung hier unter den Seerosen. Möchtest du? Du kannst mir vertrauen, es passiert dir nichts. Aber vorher möchte ich schon gerne wissen, warum du alleine bist", erwidert Helene.

„Ich wohne noch nicht lange hier, deshalb habe ich keine Freunde hier am See. Ich komme aus Mexiko. Ich habe eine deutsche Mutter und einen mexikanischen Vater und meine Freunde wohnen alle in Mexiko. Und jetzt soll ich mit dir tauchen? Ich habe nur eine Taucherbrille, aber kein Atemgerät. Und außerdem, warum soll ich mit dir tauchen? Wir kennen uns doch gar nicht."

„Das stimmt, wir kennen uns nicht. Da soll man schon überlegen, ob so eine Einladung gut ist, aber mir kannst du vertrauen. Ich spüre, dass du ein guter und ehrlicher Junge bist. Du brauchst kein Atemgerät, wenn ich bei dir bin. Komm mal ins Wasser, dann schwimmen und tauchen wir kurz zusammen. Dann zeige ich es dir."

Carlos spürt keine Angst und vertraut Helene. Er zieht sein Shirt aus und steigt vorsichtig ins Wasser. Er taucht kurz unter und kommt wieder an die Oberfläche, als Helene schon neben ihm schwimmt.

„Ich schwimme jetzt genau unter dir. Wenn du mich fühlst, kannst du dich an mir festhalten. Dann bekommst du genügend Luft da unten im Wasser. Wenn du Angst verspürst, kannst du jederzeit wieder auftauchen. Vertrau mir, Carlos!"

Carlos macht drei Schwimmzüge und schon spürt er Helene unter sich. Behutsam taucht sie mit Carlos unter und kommt wieder hoch.

„Na, konntest du weiteratmen?"

„Nein, ich habe die Luft angehalten. Tauche bitte noch mal mit mir."

Helene taucht wieder vorsichtig und tatsächlich, Carlos atmet unter Wasser, weil er Helene spürt.

Dann löst er sich von Helene und merkt, dass er sofort auftauchen muss. Oben angekommen, ist Helene schon neben ihm.

„Warum hast du dich von mir gelöst?“, fragt sie.

„Ich konnte es nicht glauben und habe es selber testen wollen und gemerkt, dass ich wirklich da unten atmen kann, wenn ich dich berühre. Ich vertraue dir, Helene“, sagt er und steigt dabei langsam aus dem Wasser. Carlos dreht sich zu Helene um und meint: „Heute Abend werde ich meiner Mutter von dir erzählen.“

„Oh, bitte, tu das nicht. Behalte es als Geheimnis für dich, dass du mich getroffen hast. Erwachsene können mich gar nicht sehen. Sie werden sagen: Was erzählst du da für dummes Zeug? Behalte unser Geheimnis bitte für dich.“

„Ja, dann mach ich das so. Versprochen! So ein Geheimnis ist spannend. Ich möchte gerne dein Freund sein, geht das?“

„Natürlich geht das“, antwortet Helene. „Dann sehen wir uns morgen wieder.“

Carlos geht frohen Mutes zum Häuschen der Eltern und denkt: Ich habe eine nette Freundin, jetzt bin ich nicht mehr alleine.

Zum Abendessen gibt es Pfannkuchen, die sich Carlos schmecken lässt. Er verschlingt drei Stück dieser herrlich schmeckenden Pfannkuchen und denkt dabei an Helene.

Am anderen Tag ist Carlos schon früh am See und wartet auf Helene. Sie ist aufgeregt, denn wann zeigt man einem Kind schon sein Zuhause? Das hat Helene noch nie getan, aber bei Carlos hat sie etwas gespürt, was sie nie zuvor gespürt hat, nämlich die Liebe zu einem Menschen. Als Helene auftaucht, sieht sie Carlos ungeduldig am Steg stehen.

„Da bist du ja, Helene, guten Morgen. Die Sonne scheint und ich freue mich auf das Tauchen mit dir."

Langsam gleitet Carlos ins Wasser. Er spürt kurze Zeit später Helene unter sich und schon tauchen beide in den See ein. Es wird dunkel, denn sie schwimmen unter den vielen Seerosenteppichen hindurch. Als es heller wird, befinden sie sich mitten im See.

Carlos hört Helene sprechen: „Schau, da rechts schwimmt ein großer Hecht.". Wie aus dem Nichts gleitet ein Aal neben Carlos her. Da hört Carlos eine andere Stimme.

„Wer bist du denn?", fragt der Aal.

„Das ist Carlos", antwortet Helene. „Er kann deine Sprache nicht verstehen. Ich zeige ihm mein Zuhause."

Jetzt geht es durch ein Wurzelgewirr von dünnen Zweigen. Aber Helene findet leicht den Durchgang zu ihrem Haus. Anschließend nimmt Helene Carlos mit nach oben auf den Seerosenteppich. Carlos sieht, wie sich die Haut von Helene in die Farben Grün, Rosa und Weiß verwandelt. Dann riecht er den Duft der Blüten. Dieser wundersame Duft breitet sich um ihn herum aus. Carlos ist hin- und hergerissen von den vielen Eindrücken.

Einen Tag später geht er wieder ans Seeufer, aber Carlos wartet vergebens auf Helene. Er zieht sein Shirt aus und steigt ins Wasser. Er schaut zum Seerosenteppich hin, dort, wo Helene wohnt. Dann taucht er. Das Wasser ist heute trüb. Carlos erinnert sich an die Stelle, von wo aus man an die Oberfläche des Seerosenteppichs gelangen kann. Und tatsächlich ist er kurze Zeit später oben zwischen den Seerosen und riecht wieder den intensiven Duft der Blüten. Eine innere Freude durchflutet ihn. Er hat etwas geschafft, wozu er bisher nie in der Lage war. Da hört er ein helles Lachen vom Ufer des Sees her. Carlos sieht ein Mädchen, das ungestüm ins Wasser hüpft. Ihre Mutter ruft dem Mädchen etwas hinterher. Sie läuft schnell ins Wasser. Zu schnell! Er verfolgt das Mädchen mit seinen Augen. Plötzlich ist es nicht mehr zu sehen.

Wo bleibt sie nur? Sie ist sicher unter Wasser, denkt Carlos. Jetzt holt er tief Luft und taucht unter, zurück durch das Wurzelgeflecht, ins freie Wasser. Er schaut in alle Richtungen, dann sieht er das Mädchen. Sie liegt im Wasser. Sie ist beim Laufen gestolpert und ins Wasser gefallen. Schnell schwimmt er zu ihr hin, umfasst sie und zieht sie mit sich auf dem kürzesten Weg nach oben. Er nimmt den gleichen Weg zurück durch das Wurzelgewirr der Seerosen und ist einige Sekunden später oben auf dem Seerosenteppich. Carlos weiß Bescheid, wie er dem Mädchen wieder Luft geben muss. Das hat er in Mexiko in der Schule gelernt. Da fängt sie an zu husten. Endlich! Das Mädchen braucht einen Augenblick, um zu verstehen, dass sie mit Carlos zwischen den Seerosen hockt. Sie fängt an zu weinen.

Carlos beruhigt sie. „Ich habe dich gerade aus dem Wasser gezogen. Du brauchst keine Angst mehr zu haben. Ich halte dich fest. Wenn du willst, rutschen wir beide zusammen über die Seerosen. Also, hab keine Angst, jetzt schwimmen wir ans Ufer. Kannst du das?“

Das Mädchen nickt Carlos zu. Die Mutter, die hinter einem Gebüsch in der Sonne gesessen hat, bemerkt die beiden. Das Mädchen läuft zu ihr hin und weint. Carlos erklärt der Mutter, was passiert ist. Liebevoll umarmt die Mutter das Mädchen und tröstet sie.

„Alles ist ja gut gegangen und Carlos hat dich ja aus dem See herausgeholt. Du musst aufpassen und nicht so schnell ins Wasser gehen. An der Stelle, wo du ins Wasser gegangen bist, ist es sehr rutschig.“ Sie schaut Carlos an. „Danke“, sagt sie erleichtert.

Beide machen sich auf den Weg zu ihrem Häuschen. Carlos bleibt alleine am Ufer zurück.

Da taucht Helene am Seeufer auf und spricht ihn an. „Mensch, Carlos, was du gemacht hast, war eine

Heldentat! Du hast ein Menschenleben gerettet. Ich bin stolz auf dich.“

Carlos ist in sich gekehrt. Er hat das Lob überhaupt nicht gehört. Er schaut Helene an und sagt: „Wo warst du denn, Helene? Warum hast du mir nicht geholfen?“

„Carlos, ich war immer in deiner Nähe. Ich habe deine Rettungsaktion genau gesehen. Ich hätte dir jederzeit geholfen, aber das brauchte ich ja gar nicht. Du hast alles richtig gemacht.“

Carlos hört nicht genau hin, was Helene sagt. Er hat einen anderen Gedanken. Dabei schaut er Helene an und wundert sich: „Warum nennst du dich Seeungeheuer? Du bist doch gar kein Ungeheuer. Du bist freundlich, nett und magst Kinder.“

Helene überlegt: „Ich lebe schon lange hier im See. Als es hier noch keine Häuser gab, sondern nur reine Natur, kam ich mit meinen Eltern, Tante und Onkel von einer großen Insel mitten im Meer hierher. In einem See in Schottland wohnte unser alter Urahn Nessie. Ich bin die Letzte, die noch lebt, und würde gerne wieder zurück, aber jetzt habe ich dich kennengelernt und freue mich über unsere Freundschaft. Übrigens, du wirst jetzt viel Lob bekommen, weil du ein anderes Kind gerettet hast. Du bist ein guter Junge und du wirst viele Freunde haben. Mich hast du auf jeden Fall als Freundin. Ja, ich bin als Seeungeheuer geboren und habe durch meine Eltern gelernt, dass Freundlichkeit und Liebe etwas Tolles ist. Ich habe gelernt, dass es böse Kinder gibt. Mit denen möchte ich aber nichts zu tun haben. Du bist einer von den Lieben, die mich sehen können, weil viel Gutes in dir steckt. Jetzt geh nach Hause! Du wirst morgen einen schönen Tag haben."

Tatsächlich werden alle auf Carlos aufmerksam, als sie hören, dass er ein Mädchen aus dem See gerettet hat. Jetzt hat auch Carlos viele neue Freunde zum Spielen, aber am liebsten spielt er mit Helene. Wegen der vielen Tauchgänge mit ihr kennt er jetzt auch fast alle Fische im See. Darauf ist er sehr stolz. Wer hat schon Fische als Freunde? Helene, die wieder auf dem Seerosenteppich sitzt, ist sichtbar stolz auf sich und Carlos. Sie hat das richtige Kind angesprochen. Sie weiß, dass ihr Geheimnis bei Carlos gut aufgehoben ist.

Vierzehn Tage später

Hugo, der Schwan, ist Papa geworden. Elsa, seine Frau und er haben wochenlang auf dem Nest gesessen und die Eier auf der Vogelinsel ausgebrütet. Jetzt hüpfen zwei kleine Schwanenbabys im Nest herum, die ständig gefüttert werden wollen. Natürlich ist Helene, das freundliche Seeungeheuer, schon mal im anderen See mit der Insel gewesen. Damals wie heute muss man dazu einen Weg überqueren. Da, wo das Wasser an die Böschung schlägt, kann man zur Vogelinsel hinüberschwimmen, die langgezogen mitten im See liegt. Auf dem

Weg zum Schwanennest begegnet Helene heute einigen Fischen, die zwar schon von Helene gehört, sie aber noch nie gesehen haben. Da kommt ihr aus einer dunklen Ecke des Sees ein Hecht entgegengeschwommen. Lange starrt er Helene an.

„Was willst du denn hier in meinem See?“, fragt er mit grimmiger Stimme.

Helene ist verwirrt. „Dein See? Seit wann gibt es hier in den beiden Seen ein Mein und Dein?“, fragt sie verwundert.

„Ich bin hier geboren“, antwortet der Hecht, „und deshalb bin ich hier der König.“

„Na gut, wenn du meinst. Ich werde morgen alle zu einer Versammlung einladen. Dann werden wir Bewohner des Sees darüber beraten, ob wir einen König brauchen. Jetzt schwimme ich erst mal zu den kleinen Schwanenkindern von Hugo und Elsa. Also bis morgen.“

Der Hecht schickt Helene böse Blicke hinterher.

Am Nest angekommen, schaut sich Helene die beiden Schwanenbabys an. „Das sind aber nette Kinder“, sagt sie zu Elsa. „Pass nur auf sie auf! Der Hecht hier im See spielt sich als König auf und scheint böse zu sein. Lass die beiden Kleinen nicht aus den Augen!“

„Oh, das ist dir auch schon aufgefallen, dass hier einer den König spielen möchte?“

Helene bleibt noch einige Zeit in dem großen See und schaut mit Freude zu, wie die kleinen Schwanenkinder anfangen, über das Wasser zu gleiten.

Am anderen Morgen rufen Helene und Hugo alle Tiere zu einer Versammlung. Fische, Frösche und Vögel versammeln sich auf oder im Wasser. Die Vögel sitzen auf der Vogelinsel.

Hugo beginnt mit seiner Rede. „Wir leben hier alle friedlich zusammen in einer guten Gemeinschaft, die leider seit einiger Zeit etwas gestört wird. Heinrich, der Hecht, meint, er wäre der König des Sees. Ich möchte darüber abstimmen lassen, ob ihr das genauso seht."

Da kommt Heinrich nach vorne geschwommen, schaut jeden an und sagt: „Was soll das Gerede? Ich bin der Größte und Stärkste im See und somit bin ich der König hier!"

Die kleineren Fische verstecken sich im Schilf, als zwei Barsche nach vorne kommen. Einer fängt an, zu sprechen. „Hör mal, Heinrich, so groß bist du auch wieder nicht. Mein Bruder und ich können es leicht mit dir aufnehmen. Wir wollen das aber nicht, weil wir hier in Frieden leben möchten. Also zieh dich in dein kleines Reich zurück und lass den Quatsch mit dem König! Lasst uns abstimmen! Wer dafür ist, dass wir keinen König brauchen, hebe die Flosse oder den Flügel."

Die Abstimmung fällt eindeutig aus. Alle sind gegen einen König. Heinrich zieht sich schmollend zurück.

Zwei Wochen später gibt es Alarm im großen See. Ein Schwanenkind ist verschwunden. Es herrscht bei allen eine große Aufregung. Hugo ruft Helene zu sich und bittet sie darum, mitzuhelfen, das kleine Schwanenkind zu suchen. Überall wird gesucht, doch es bleibt verschwunden. Elsa ist ganz verzweifelt, denn das kleine Schwanenkind muss unbedingt etwas essen und trinken. Als Helene merkt, dass sie das Schwanenkind nicht findet, geht sie hinüber in den anderen See. Auch dort wird fieberhaft, aber ohne Erfolg gesucht. Am späten Nachmittag kommt Franz, ein großer Frosch, aus dem Wald an das Seeufer gehüpft und will mit Helene sprechen. Laut ruft er nach ihr.

„Was schreist du denn so?“, fragt Helene.

„Ich bin hierhergekommen, um dir zu sagen, dass etwas Merkwürdiges im Wald zu hören ist. Dort drüben schreit ein kleiner Vogel und ein anderer Vogel schimpft die ganze Zeit. Es ist kaum auszuhalten“, berichtet Franz aufgeregt.

Seltsam, denkt Helene. Da sieht sie zwei Gänse auf sich zufliegen und winkt ihnen zu. „Hört mal, ihr wisst sicher, dass ein kleines Schwanenkind von der Vogelinsel verschwunden ist. Jetzt sagt mir Franz, der Frosch, dass im Wald etwas

Merkwürdiges vor sich geht. Fliegt bitte einmal über den Wald und schaut, ob dort das Schwanenkind so jammert."

Sofort machen sich die beiden Gänse auf und fliegen langsam über den Wald. Damit sie mehr sehen können, segeln sie nahe über den Baumwipfeln entlang. In der Ferne hören sie das laute Schimpfen eines Vogels. Da sehen sie ihn! Es ist ein großer Rabe, der da schreit. Jetzt hören sie auch ein leises Jammern. Die beiden Gänse entdecken das weiße Flügelkleid des Schwanenkindes, das in einem Rabennest sitzt. Das Nest ist in der Krone eines umgestürzten Baumes gebaut. Rundum gibt es zwar Sträucher, aber die guten Augen der Gänse haben das Nest sofort entdeckt. Sofort fliegen die Gänse zurück zum See und berichten Helene, was sie gesehen haben. Mit schnellen Schritten läuft Helene zum anderen See und ruft nach Elsa und Hugo.

„Zwei Gänse haben euer Schwanenkind im Wald gesehen!", schreit sie ihnen entgegen. „Wir haben euer Kind gefunden und wir werden es von dort wegholen. Das machen wir alle gemeinsam. Wir treffen uns gleich am Waldrand."

Die Gänse und einige andere Vögel haben sich zwischenzeitlich ebenfalls bei Hugo und Elsa eingefunden. Zu denen sagt Helene: „Wer von euch traut sich, mitzufliegen und es mit dem Raben aufzunehmen?"

Hugo schaut um sich und antwortet: „Ich fliege auch mit und schaue mal, wie ich helfen kann."

Eine von den beiden Gänsen meldet sich zu Wort: „Wir zwei Gänse können mit dem Raben fertigwerden. Wir haben keine Angst."

Helene schaut Hugo an und sagt: „Ich werde Carlos, den Jungen, der da vorne wohnt, fragen, ob er uns helfen will. Ich komme nach."

Sie läuft zu Carlos und fragt, ob er mitkommen kann, um das Schwanenbaby zu retten. Carlos sagt zu. Am Waldrand warten schon zehn dicke Frösche. Die beiden Gänse sitzen auf einem Baum und unten im Gras landet Hugo, als Helene mit Carlos am Waldrand ankommen. Die beiden Gänse fliegen voran. Hugo fliegt hinter ihnen her, Carlos, Helene und die Frösche machen sich zu Fuß auf den Weg. Da hören sie schon das Geschrei des Raben. Das Jammern des Schwanenkindes ist leiser geworden. Die Gänse setzen sich genau über dem Versteck des Raben nieder. Noch hat er die beiden nicht bemerkt. Zwei Frösche kommen bis an den Rand des Rabennestes gehüpft und schauen den Raben in seinem Nest an.

Der schaut böse. „Was wollt ihr beiden hier? Verschwindet und macht dem Kleinen hier keine Angst!", keift er und hackt mit seinem Schnabel nach ihnen.

Die beiden Frösche bleiben mutig sitzen. Sie schauen den Raben mit großen Augen an und einer sagt: „Glaubst du, dass dieses Schwanenbaby Angst vor uns hat? Wir beide glauben eher, dass es Angst vor dir hat. Wir sind gekommen, um es zu holen.“

Darauf haben die beiden Gänse gewartet. Sie fliegen hinunter und landen gleichzeitig auf dem Nest. Jetzt kommen auch Carlos und Helene hinter einem Baum hervor. Der Rabe erschrickt, flattert wild mit seinen Flügeln und bekommt es jetzt doch mit der Angst zu tun.

Da spricht Helene ihn an. „Was macht denn das Schwanenkind bei dir im Nest? Wie kommt es überhaupt hierher?“

Der Rabe schaut angespannt zu Helene und stottert: „Ich … ich weiß nicht … ich soll nur auf das Schwanenbaby aufpassen.“

„Wer hat dir das befohlen?“, fragt Helene.

„Ich weiß nicht, wie er heißt, aber es war auf der Vogelinsel. Es war ein Haubentaucher, der mir sagte: Nimm den Kleinen da und baue für ihn ein Nest im Wald!“

„Ob das stimmt?“, schreit Helene. „Wir werden sehen.“ Sie schaut Carlos an und gibt ihm ein Zeichen, das Schwanenkind schnell zu nehmen und in Sicherheit zu bringen. Der Junge schnappt sich den kleinen Schwan und läuft zu Hugo, der sein Kind innig herzt. Carlos nimmt es wieder auf den Arm und bringt es zügig, aber vorsichtig zu Elsa auf die Vogelinsel.

Helene sagt zu dem Raben: „Lass dich nie mehr am Helenensee sehen! Dort gibt es nur friedliche Tiere und nette Menschen, da brauchen wir keinen Ärger."

Kurze Zeit später sind alle auf der Vogelinsel versammelt. Sie freuen sich darüber, dass der kleine Schwan wieder gesund zurück bei seiner Mutter ist. Die beiden Barsche und der Hecht schwimmen gemächlich an der Oberfläche. Der Haubentaucher steht etwas abseits und wird von Hugo gebeten, an dem Gespräch teilzunehmen. Langsam kommt er näher.

Helene schaut in die Runde und beginnt zu sprechen. „Wir haben das Kind von Elsa und Hugo in einem Rabennest im Wald gefunden. Es ist wohlauf, da es wieder bei seinen Eltern ist." Helenes Blick geht zum Haubentaucher hinüber. „Warum hast du dem Raben befohlen, das Schwanenbaby in den Wald zu bringen, und was sollte es da?"

Der Haubentaucher schaut in die Runde und dann in den See, wo er den Hecht schwimmen sieht. Er zeigt auf ihn. „Ich habe den Auftrag vom König bekommen, das Schwanenbaby in den Wald bringen zu lassen."

Alle Tiere schauen sich verwundert an. Dann gehen die Blicke in den See, wo der Hecht immer noch seine Runden dreht.

Hugo schaut den Haubentaucher an und sagt: „Welchen König meinst du? Hier gibt es keinen König.“

Die beiden Barsche schwimmen zum Hecht hin, bedrängen ihn und einer spricht: „Es gibt hier keinen König! Hast du das verstanden? Und solltest du noch einmal einem Schwächeren, als du es bist, etwas Schlimmes antun, wirst du von uns allen hier im See nicht mehr beachtet. Wir sind doch alle Könige hier am See, denn alle sind gleich.“

Das ist für den Hecht eine Lehre und von da an ist Frieden im See.